岩波現代文庫／文芸 179

日記をつける

荒川洋治

JN263896

岩波書店

目　次

1　日記いろいろ

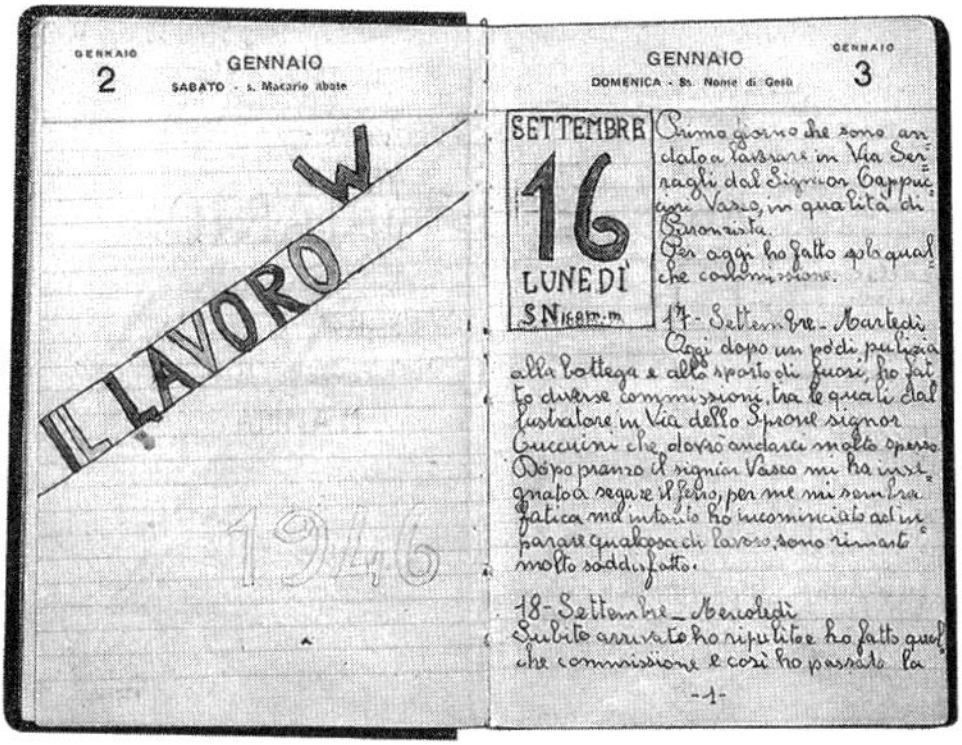

『仕事ばんざい』より

子供のときにつける絵日記、日記帳を使うおとなの日記、交換日記、グループ日記と、人はさまざまな日記を体験する。通過する。この他にも家族の日記、読書日記、戦争の日記。そして親が子供のためにつける日記もある。また、あとから公開されて、みんなでおどろく日記もある。

絵日記

子供は、絵をかくことからはじまる。「おえかき」だ。まだ、人の世界のことは何もわからないけれど、「おえかき」ならできる。小学校にあがる頃には文字を書くことができるようになり、ことばへの興味もめばえる。そこにあらわれるのが、絵日記である。絵日記と書かれたノートの上半分に、絵をかき、下の欄に、できごとを短い文章でつづる。

ぼくはこのたびこの本を書くために、自分の日記をさがしに郷里へ行った。そして小学校一年のときの絵日記を見つけることができた。絵はクレヨン。文章は鉛筆。クレョンは油だから強い。五〇年近くたっても色あせない。鉛筆のほうはどの文字も消えかけていた。いっぽう鮮明なのは、ぼくの文章の欄外に先生が書いた「感想」の文字である。それは赤いインクで記されている。たとえば音楽会の練習をしましたと書くと、

「いつもおけいこしてごくろうさまでした」

と、赤インクの文字があった。どんぐりや木の葉で人形をつくりましたと書くと、

「かわいい人形ですね」

と、赤インク。へたな絵でも役立ったらしい。親戚のおじさんから大きなブリ(鰤)をもらったら、ブリの口から、小さなイワシ(鰯)が出てきましたと書くと、

「口のなかからでてきたって、おもしろいね」

と、赤インク。ぼくが図画をやってたら、友だちが次々に遊びに来ましたと書くと、

「だれでもいくのね。なかよくあそんであげてね」

と、赤インク。なかよく遊んでもらいたいのは、ひとりっこのぼくのほうなのだが。

また、おなかがいたかったけれど、がまんして学校に行きましたと書くと、

「そんなにつらかったの。しらずにいてごめんなさいね」

なのだ。

と、赤インク。

先生の赤インクはやさしい。影のようにつきまとったその文字は、油だからいつまでも残る。母親も読んだはずだが母親は感想を書かない。赤インクは先生だけのものなのだ。

絵日記は、先生や両親が見守るなかでつけられる。公開が原則なので、秘密をつくれない。また、そのころは秘密もないし。だから日記のなかに書くことは事実である。先生も両親もこちらが書いたことをその通りに受けとる。友だちが来たと書けば、ほんとうに友だちが来たのだと思ってくれる。そしてまた実際のところ、友だちが来たのである。

絵日記は、つける人と、読む人が、事実というものを通して結びつく、あるいは結びつけられるガラス張りの世界なので自由がない。息ぐるしい。また一日一日の絵も、毎度のことゆえ、おっくうになり、次第に乱雑になる。つけていてもおもしろくない。子供は絵と別れ、絵日記を卒業する。

それからの日記は、絵のないところへ向かう。ことばの森に入るのだ。

日記へ

日記は、なんのためにつけるのだろう。まずそれは自分の記録のためである。また、その記録をあとから振り返るためである。

ぼくが絵日記のあとに使った、一九六〇年用の日記帳『小学生日記』(博文館新社)の冒頭に「日記《にっき》をつけましょう」という文章が印刷されている。

この日記を手にとってくださったみなさんのなかには、ことしはじめて日記をつけるという人もあり、いや、もう二さつめだ、三さつめだ、という人もあるでしょう。

二さつめ、三さつめの人には、よくわかってもらえると思いますが、じぶんの書きあげた日記が、一さつ、二さつと、本ばこにたまっていくのを見るくらい、ゆかいなことはありませんね。

途中だが、日記は本箱におさめるのが正しいおさめ方らしい。これは知らなかった。最後の「ゆかいなこと」だが、「ゆかい」なんていうことばをこんなところで使うのは、当時五〇歳を過ぎた人かと思う。それはともかく、そのつづき。

二年生や三年生だった時のことが、手にとるようにわかります。転校《てんこう》して遠《とお》くへ行ってしまったお友だちの名まえが出てきます。みんなでいっしょに汽車《きしゃ》に乗《の》った日づけもわかります。おや、去年《きょねん》はこの日にたねまきをしたんだな、というようなこともあります。

この「たねまき」で思う。日本には早くから日記をつける人たちがいた。「土佐日記」「蜻蛉日記」「更級日記」など日記文学の古典がいっぱいあることはいうまでもない。日記は自分自身の記録であるが、いっぽうで、みんながしていることを記しておくためのものでもあった。この日にはこんな行事があった、この日は誰々の亡くなった日だとか、この日の催しはこういう手順でしたとか、この日のこの時刻にはたいへんな嵐になったとか、そういうことをあとから忘れないように、あるいはのちのちの人のために、つけておく。そこにも日記の役割があるのだ。「去年はこの日にたねまきをしたんだな、というようなこと」が、それにあたるだろう。そのつづき。

今はまだ、それが、去年《きょねん》のこと、一昨年《おととし》のことですが、いまにみなさんがもっと大きくなって、大学生になったり、つとめ人になったり、あるいは、あなたがたじしんが、おとうさんやおかあさんになったりした時、この日記は、きっと、どんなたからものより、あなたがたには、いとおしく思われてくるにちがいありません。

たとえ、とびとびにつけるのだっていいのです。天気のことを、たった一行《ぎょう》、書いておくのだってけっして、わるくはありません。

ことしは、日記をつけましょうね。

日記はここにいわれる通りのものである。ひとつ付け加えるなら、日記は基本的には自分のことをつけるのだから「私のことは、私がいちばんよく知っている」という気持ちでつけられていくものである。自分だけが知っていること、気づいていること。それらがおおいばりで活躍する。それが日記だ。その「私」はそれほどりっぱなものでなくてもいい。どんな「私」でも、「私」がいれば日記は成り立つ。一個の「私」

を、このもやもやした世界のなかから、もやもやした自分のなかから取り出していくためにも日記は欠かせないものだと思う。

また日記をつけると、その一日が整理できる。あんなことも、こんなこともあったが、結局こういう一日だったということが日記をつけながら自分に見えてくる。日記をつけてようやく一日が終わる。ああ、終わった。そのときの気分は、いいものである。

さてこの他に、交換日記というものがある。ちいさいときに女の子どうしでするものらしい。学校では二人いっしょだから、なんでもわかる。学校から帰ってからのことをつけるそうだ。あれから、こんなことしたよと。学校から帰ってからのできごとは、仲の良い友だちでも、わからないものね。それ以上のことは、女の子ではないので、ぼくにはわからない。

でも男女間で交換日記をつけたことがある。中学のとき、学校の雑誌に作文をかいた。すると、二つ年上の、同じ学校の上級生の女の子から手紙をもらった。なんと作文に、反響があるとは。それがきっかけで、顔も見たことのないその人と、文通をし、そのあと交換日記をはじめた。彼女とは、麻薬のとりひきみたいに(どういうふうに渡しあったか忘れたが)交換がつづいた。彼女はまだ中学生だというのに、知識と情操の発育がすすんでいて、ぼくの知らないことばを使うのだ。「恍惚と不安」(ぼく知らない)とか「倦怠」(ぼく知らない)とか「彷徨」(ぼく知らない)とか、おとなのことばや表現でものをいってくるので、子供のぼくはついていけない。そのうちに終わってしまった。

交換日記に近いものに、グループ日記というのがある。仲間で、つけていくのである。まわりばんこに。「あ、今日はぼくか」「明日はあなただね」などと思って。そのたびごとだから、たいへんだ。日記は「私」のもの、ひとりのものであるほうが気楽だ。つけたいときに、つけられるから。

働く子供の日記

イタリアのフィレンツェで、ひとりの子供が日記をつけた。それがランベルト・バンキ『仕事ばんざい――ランベルト君の徒弟日記』(小泉和子編・中嶋浩郎訳、中央公論社)という本になった。ランベルト少年は一九四六年(一三歳)に小学校を卒業してすぐ、金具職人のヴァスコ・カップッチーニさんのもとに弟子入りする。お母さんから、学校で習った字を忘れないように日記をつけなさいといわれて、日記をはじめたのである。同年九月から(イタリアは九月から新学期。八月に卒業)翌年の五月まで、つけた。といってもとてもシンプルな日記である。まずは最初の一日(訳語のルビは省く)。

9月16日・月ようび

セッラーリ通りの金具職人ヴァスコ・カップッチーニさんのところへ仕事に行った初めての日。

今日のところはいくつかのお使いをしただけだった。

真鍮《しんちゅう》みがき、旋盤の部品の掃除、お使いと仕事はいろいろだが、日記は道草もせず、仕事のなかみだけを記している。

11月6日・水ようび

いつものお使い。1日中、シャンデリアの部品を紙やすりで磨いて時間がたった。

11月7日・木ようび
今日はいつものお使いに、それから少し鍵の頭を紙やすりとやすりで磨いたりした。店でカップッチーニさんとふたりでお昼を食べて、そのあといっしょにコーヒーを飲みに行って、僕はパンを食べた。

11月9日・土ようび
今日は掃除の日。

いくつかお使いをしたあと、旋盤をきれいにした。ああ、この鋼鉄のかたまりを動かすのはなんて大変なんだろう。

夕方、親方が使うひな型全部のほこりを払った。

6時になって、僕は今週のお給金をポケットに入れて、急いで家に帰った。

11月10日・日ようび
お休み。

11月11日・月ようび

鍵の頭にやすりをかけた。掃除をして、電気屋さんにランプを持って行った。

11月12日・火ようび

今日から旋盤で仕事を始めることになったので大満足している。長さ20センチと10センチのネジをひとつずつ作った。とても簡単なことは確かだけれど、ちょっと気をつけてやらないといけない。

仕事中にアルマンドおじさんが店にやってきて、親方が僕のことをほめているのを僕は聞いた。

店は親方とランベルト君のふたり。いつもいっしょ。親方は無口。ランベルト君は不安だった。アルマンドおじさんと親方が自分をほめているのを聞いて、うれしかったのだ。

11月22日・金ようび

今日もいい日だった。チップを10リラもらって、親方にブリオッシュをもらった。それから隣の彫刻屋のフェーボさんが、シャンデリアが売れたといって、みんなにコーヒーをおごり、僕にはキャラメルを買ってくれた。

キッレーリさんのところに寄ってから家に帰った。

ランベルト君は親方あるいは近所の職人から、ごほうびによくキャラメルやパンをもらう。もらった日には、欠かさずそのことを記す。また出かけた先でチップをもらえたときも。自分のつくったもの、磨いたものが世の中へ出ていくのを知るのはよろこびだ。子供が働くことにはいくつかの問題はあるけれど、仕事をするおとなたちのようすに早くからふれることはいいことかもしれない。日記は五月三一日で終わる。「5月31日・土ようび」とつけたまま。「きっと仕事に慣れてきて忙しくなったのでしょう」と編者は記す。

働くおとなの日記

港で働きながら思索生活を送った不思議なおとながいた。「沖仲仕《おきなかし》の哲学者」といわれるエリック・ホッファー(一九〇二―一九八三)である。彼は七つのときに失明したが、一五歳になってどういうわけか視力が突然回復。そのうれしさから夢中になって本を読んだ。一日に一〇時間も一二時間も読んだという。おとなになり、サンフランシスコの波止場で働くようになってからも本を離さなかった。『波止場日記――労働と思索』(田中淳訳、みすず書房)は、一九五八年六月から翌年五月までの記録である。一九五九年一月一一日と、そのあとにある一五日の書き出しを見てみよう(書名の原語は省略)。

一月十一日

ターール・ヒール・マリナー号にて九時間。終日鋼板の荷役。仕事は簡単だったが、いっときも気を抜けなかった。だから時間が飛ぶようにすぎた。

ロベール・ギランの『青い蟻』を読んでいる。相互の猜疑が一枚岩の社会の基礎であるという『大衆運動』における私の示唆を、彼があざやかに証明している。

一月十五日

第二十三埠頭のオランダ船にて五時間。とくに何かに没頭していたわけではなかったが、きわめて重要なことを熟考しているかのような感じをもった。

最近ベルギー領コンゴで起った暴動がカトリック神学校の卒業生であるジョセフ・カサブブという男によって指導されたという事実は、重要な意味がある。

この『波止場日記』はちょっと普通とはちがうところがある。まず今日一日の仕事のなかみを書いたあと、突然、思索に「突入」するのである。

仕事が退屈でおもしろくないのかというと、そうではない。仕事は楽しかったという意味のことばもちらほら見える。彼にとって思索はごはんを食べるようなもので、しごく当然のこと、一日に欠かせないものだったのだ。でもこれがほぼ毎日つづくのは、いささか異常だ。とりわけ一五日の文章の流れは、個性的なものである。「とくに何かに没頭していたわけではなかったが、きわめて重要なことを熟考しているかのような感じをもった」とは、相当にまわりくどい表現である。アフリカのコンゴで起きたことについて、埠頭で仕事をしている間も考えていた。思索に没頭していたことになる。つまり、仕事が終わって突然、思索に突入するのではなく、一日のはじめから、思索に突入しているらしい。思索が日常化しているのである。これでは思索そのものの効力も落ちてしまうのではないかと思われるが、おとなにはみなこういうところがあるものである。おとなはランベルト君のようにキャラメルをもらってもチップをもらっても、そんなことではよろこばない。働くよろこびも評価されるうれしさもあるが、それだけでは気持ちが晴れないのだ。あれやこれやで心が占められ、一日じゅう何かを考えてしまうのである。子供の先はおとなだが、おとなの先はない。波止場どまり。そこからは茫洋とした海が見えるだけ。ずっとおとながつづくのだ。考えるしかない。思うしかない。

ホッファーの日記はおとなの日記だ。おとなになって、もうおとな以外のどこへも行けない人のものなのである。子供が読んだら不思議なものに見えるだろう。

一家の日記

武田百合子『富士日記』(中央公論社)は家族の日記だ。著者が三九歳のとき、一家は富士山麓に山荘をつくり、ときどきそこで暮らした。夫(作家武田泰淳)と娘と、三人で。山荘ができたとき、夫(当時五二歳)は「おれと代るがわるメモしよう」と提案。そこから山小屋の日記がはじまった。最初の何回かは夫と娘もつけたが、あとは著者ひとりでつけた。日記は昭和三九年七月から昭和五一年九月(翌一〇月、夫死去)まで、一三年間の家族の記録となった。以下はその一節(一部、前後を省略)。

昭和三十九年

七月十八日(土)

朝六時、東京を出て九時少し過ぎに着く。大月でお弁当三個。管理所に新聞と牛乳を申し込む。

夕方、熔岩拾い。

夜、風と雨。夜中にうぐいすが鳴いている。大雨で風が吹いているのに鳴いていた。

昭和四十年

五月八日(土)　晴

川には水が流れていて、大きな樹が多く、いまは若葉の丁度いいときだ。籠坂峠で車をとめて、広々とした見晴らしの中で主人はおしっこをする。(私はしない。)富士吉田へ下って、鳴沢村より山へ上る。(……)

昼　タンメン、上に野菜いため、たくさんのせる。

納戸の棚二つ吊って整理をする。

私は三時ごろよりひるね。夜ごはんも知らないで、次の朝まで眠り続ける。主人、死んでしまったのかと思って、さわってみたという。

一日の家族の動き、心の動きがスケッチされている。のびのびとした楽しい文章だ。昭和四〇年のある日、親しい人が死んだ。

七月十九日(月)　快晴

今朝、勢よく、葉書を買ったついでに、東京からの転送や速達の郵便物について問合わせたばかりの郵便局にまた行く。私が涙を垂れ流しているものだから、局の人は「奥さん」と言ったきり、びっくりして顔をみている。「人が死んだものだから」と言って手を出すと、黙って頼信紙をくれた。

帰ってきてずっと、ごはんのときも、誰も口をきかない。主人も私も花子も、別々のところで泣く。主人は自分の部屋で。私は台所で。花子は庭で。

その一カ月あと、駅まで来たところで、ふと思いたち、夫婦で本栖湖《もとすこ》へ行く、そのときの日記の一節。

ボートに乗る。岸づたいにはこられない、人のいない熔岩の入江に舟を着け、水着をもってこないので、主人真裸になって湖水に入り泳ぐ。水は澄んでいて深く、底の方は濃いすみれ色をしている。ブルーブラックのインキを落したようだ。そのせいか、主人の体は青白く、手足がひらひらして力なく見える。私は急に不安になる。私も真裸になって湖に入って泳ぐ。

帰り、農協でビール二十六本買う。

書き写していると楽しい。もっと引いてみたいと思う。すみからすみまで、読みたくなるのだ。それが『富士日記』の世界。

昭和四十一年
十月三十日(日)　快晴

今朝、主人はりんどうを一本、濃い、まっさおの花が七輪もついているのを、胸のポケットに入れて庭を下りてきた。起きぬけに、ぼんやりと庭に出ていた私の前を、胸を反らせて、花をみせびらかすように通り過ぎる。「その花、うちの庭の?」ときくと、返事をしないで、胸を反らせて通り過ぎた。

昭和四十二年
六月一日(木)　快晴　風つよし

にじんだように星が出る。明日は曇るかもしれない。主人、しばらく星をみていたが、入ってきて「明日、朝早く帰る」と言う。

夜、片づけを終り、一人で起きている間、イーストを入れた食パンをゆっくり焼いてみる。——失敗。

七月四日(火)　朝のうち晴、時々くもり

私だけテレビをみている。アラブ連合の実写あり。負けても、のろのろ、のろのろと、最後の勝利をゆっくりとした調子で語っている。歩き方ものろのろとしている。行ってみたい。

庭に咲いている花。

イボタの木の白い花、富士桜の黒い珠、ノバラ(日陰のはいま満開)、アザミの花、紅い、こでまりに似た花、山おだまきの花。

順序も内容も自然な日記なのに、そこにあることが夢のひとこまのように思えてくる。ちいさなことのひとつひとつが、その日の思いをあらわしているように思える。「母は穴ほりとか、ギターをひきはじめると、一日中でもやっていて根気強い。御はんなどつくらなくなる。父は小説を書くのを一日中やっていて根気強い。私はどっちも根気がなく、人に言われるとやるというタイプ」(娘・花の書き込み)。

三人の家族は、いつも日記のなかにいた。富士のふもとに浮かんでいた。

戦争の日記

戦争のさなかにつけられた日記がある。朝鮮水軍を率いて、豊臣秀吉の朝鮮侵略(朝鮮では壬辰丁酉《じんしんていゆう》倭乱、日本では文禄・慶長の役)を戦った李舜臣《イスンシン》(一五四五―一五九八)の『乱中日記』(北島万次訳注、平凡社東洋文庫)である。壬辰丁酉倭乱を朝鮮半島から見つめることができる貴重な記録だ。その第一巻、一五九四年九月の日録。

○十七日壬辰、晴、かつ暖かい。
忠清水使・順天府使・蛇渡僉使(金浣)らが来て射帳をする。
全羅左虞候李夢亀《イモング》が屯田の収穫をする仕事で出かけた。
孝代らが出ていった。

○十八日癸巳、晴、かつかなり暖かい。
忠清水使および興陽県監(裴興立)と終日射帳をして散会した。

暮から終夜にわたり、夕立。
李寿元《イスウォン》および曇花《タムファ》がやって来た。福春もやって来た。
この夜、展転として眠られなかった。

戦場で指揮をとる李舜臣。海に面した本陣には軍士をはじめとする、いろんな人たちがやってきて戦況を、彼をとりまく「世界」を知らせるのである。その日に誰と会ったか、それが日記の主題なのだ。彼は毎日人を見た。そして夢も見た。

○二十日乙未、早朝より風止まず、雨は降ったり止んだりした。
独り坐って昨夜の夢を思い出す。すなわち、海中の孤島が走ってきて眼前に止まって蹲《うずくま》った。その声は雷のようであり、あたり一帯にいた人は驚いて逃げだしてしまった。私は独り立って、その一部始終を観ていた。

この夢は、倭の降伏の前兆ではと彼は思う。そのあと、また倭族との戦闘があり、彼は海上に出て、指揮をとる。そして翌一〇月の日記に、一人の「人物」が登場する。

○十四日戊午、晴。

早朝、倭賊がことごとく降伏した夢を見た。倭賊らが降伏を願い、六穴銃筒五丁と環刀を納め、それを伝語する者は金書信《キムソシン》という名であった。

金書信は、朝鮮水軍の兵隊か、それとも朝鮮と倭をとりついだ人なのかはわからないが、李舜臣は現実の人間だけではなく、夢のなかの人物の名前を記しているのだ。この夢のなかの人物も、彼にとってはたいせつなものだった。夢にすがらなくてはならないほど苦しい毎日がつづいていたのだろう。『乱中日記』は現実のすきまに、夢想の人影をさしはさんでいる。戦争のなかに夢があった。戦争が見る夢だった。

ゴンクールの日記

一九世紀フランスを生きた、ゴンクール兄弟。「ゴンクール賞」にその名を残す。兄エドモン(一八二二―一八九六)と、弟ジュール(一八三〇―一八七〇)は二人で小説を書いた。合作である。主に構想は兄、文体の推敲には弟があたった。日記も、二人でつけた。『ゴンクールの日記』全二巻（斎藤一郎編訳、岩波文庫）は、一九世紀後半のフランスのようすを伝えてくれる。とりわけフロベール、ゾラ、ドーデ、マラルメ、ツルゲーネフなどの素顔が興味ぶかい。

二人の口述を、弟が筆記というかたちで、日記をつけた。『ゴンクールの日記』一八八七年版の、序文より。

この日記はわたしたちの夜毎の告白録だといえる。たのしみや仕事、そして苦しみにおいても、つねに一心同体だったわたしたちふたりの人生の告白録なのだ。ふたりはものの考えかたが双子のように似ていたし、さまざまな人々や物事に接して得る印象もいつも互いに酷似し、一致し、まったく同質でもあったから、この告白録をあたかもひとりの人間の「自我」、ひとりの人間の「わたし」の内面表白とみなしていただいて少しもかまわないと思う。

エドモン・ド・ゴンクール

二人は同じ、日記もひとつ。こんなことがあるのか、と思う。困惑する人も多いだろう。一八五六年七月一六日の日記に、「ポーを読了。これまで批評家の気づかなかった何か、新しい文学の世界、二十世紀文学の兆候がここにある」とあるが、ポーの本を、二人でいっしょに読んだということなのか。一八六三年二月二八日は、ツルゲーネフとの出会い。「魅力的な巨漢、やさしい巨人であり、髪は白い。森や山の年老いたやさしい精といった様子だ」。これも二人共通の感想なのだろう。一八六六年二月一二日、「サンド夫人が今日マニー亭晩餐会に登場した。すぐかたわらの、わたしの隣にいた。美しく魅力的な顔だちだ」。この「わたし」は、兄弟のどちらか。

このように『ゴンクールの日記』には、「わたし」の文、「わたしたち」の文が混在する。誰の行為か、誰の感想なのか。その場その場で、想像させることになる。一八六二年八月一六日の一節。

わたしは彼女と一緒に輪回し遊びをしてもらった。橋の上の縁日でアップルパイを買ってもらったこともある。母がいた時代に、エドモンがオペラ座の舞踏会に行ったとき、いつも朝まで待ってくれたものだった。

この場合は、「エドモンが」とあるから、弟ジュールひとりの日記のように感じられるが、これも、二人の日記なのだ。だが『ゴンクールの日記』はやがて、脳をおかされた弟ジュールの、残り少ない日々を映し出すことになる。一八七〇年六月のことだった。

六月十一日
今朝、弟は自分の書いた小説の題名を一つも思い出せなかった……

これは明らかに、兄がつけたものだ。しばらくあとには「彼の手はわたしの手をしっかり握っていた」とある。「わたしたち」であった二人が「ひとり」ずつの世界に向かう。九日後、ジュールは帰らぬ人となる。

弟ジュールの死後も、兄エドモンは、亡くなるまでひとりで『ゴンクールの日記』をつけた。「わたしたち」の日記がつづいた。

ウラルを越えて

『現代語訳 榎本武揚 シベリア日記』(諏訪部揚子・中村喜和編注、平凡社ライブラリー)。五稜郭の戦いで敗れた榎本武揚(一八三六―一九〇八)は、捕えられたあと特別に赦され、明治政府の特命全権公使となってロシアへ。任を終え、シベリアを横断して帰国する。随行は、通訳など日本人三人。その旅中の日記は、長い間遺族も知らなかったが、没後一五年を経た大正一二年に見つかった。

明治一一年七月二六日ペテルブルグを出発、九月二九日ウラジヴォストークまでの、長い旅。そこには、ペルミ(ウラル山脈の西側の都市)から、ウラル山脈を越えて、エカテリンブルグ(ウラル山脈の東側の都市)に向かうときのようすも記される。ウラル山脈は、ヨーロッパとアジアの地理上の境界。以下、〈第三章 馬車でウラルを越える(八月四日―八月八日)〉より。章名は原文にはない。文中の[ ]も編注者の補記。

馬車の中で眠る。冷気は氷点上五、六度であろうか。日中の暑気とは大いに反する。明け方の三時より目を覚ます。天気は快晴。空に星がのこっている。少したって日が出る。ペルミからエカテリンブルグまでは、土質はみなクレイ[粘土]

であって灰色である。フルハルデクレイ［粘板岩］の層が粘土中にあるのを多く見かけた。いわゆるペルミ・フォルマシー［ペルム系］でいたるところみなそうである。土地は高低がはなはだ多いとはいえ、急な坂はない。しかし、名に聞こえたウラル山脈を越える道であるから、今にも高い峰が見えるのではないかと坂の上から遠くを見渡すが、高い峰というものは一つとしてなく、ただただ次第に高くなる心地がするだけである。

（八月四日）

榎本武揚は、科学の知識も豊富。土質にも詳しいことがわかる。ウラル山脈の周囲の地勢の描写も、目に浮かぶように記す。そのつづき。

途中、多少の村落がある。丸太づくりで貧しい家が多い。牛や羊が道に横たわっている。女や子どもたちがわれわれを見て立っていること、村の男たちが帽子を脱いで立礼するようすなど、みな書き留めておこう。ペルミより一八二露里のところにビセルツスカヤという駅がある。付添いの役人が言うには、この場所はウラルの一番高いところであると。それが果たしてそうであるか否かは知りがた

いけれども書いておこう。　（同）

どこまでも読みたくなるような、やわらかな、魅力的な文章だと思う。自然の風景だけでなく、村落の状況も伝わる。経済、社会、文化など多方面の知識だけではない。文章には風格があり、詩情が漂う。現に榎本武揚は日記のなかで、六首の漢詩をつくって書きとめている。ゆるやかなことば運びにも、異国を旅する人の思いが感じとれる。多くの人が知らなかった、榎本武揚の姿だ。人は榎本武揚の活動や日々のようすを通して、そうした彼の一面にも気づいていたはずだが、日記は、それよりもひろく静かな場所に立つ人の姿を、映し出す。

八月五日、「深い眠りから覚めて、大いに元気を増した」。馬車の前のカーテンをあげてみると、「山の気配が鬱蒼《うっそう》として夜明けの雲が前途をさえぎり霧のようであった。高いところであるのがわかる」。朝五時、馬車駅で、茶をのみ、馬車の修繕のあと、駅の長椅子で仮眠。また出発。一二時半には、エカテリンブルグに着いていた。「ポリスの署長に聞くと、エカテリンブルグはウラル山脈の東側にあるという。それなら、われわれは知らず知らず欧州を越えてアジア向きの東側に下りたのである」。気がつかないうちに、ウラルを越えていたのだ。

今日は午後より岡や小山のようなものがはなはだ稀である。そして、目をこらして四方を眺めるがまったく山はない。ウラル山麓もすでに絶えたと思われる。道路は昨日のように北海道の新道と大きさまでもまったくよく似ている。

（八月七日）

行くこと一一露里にして道の左側に、煉瓦石の柱二尺五寸角、長さ一五尺ばかりの標識がある。ここより先はトボーリスク県である。昼休みをとった小さい駅で役人から聞くところによると、この標識こそヨーロッパとアジアの境、すなわち真のシベリアであることを表していると。

（八月八日）

榎本武揚が通った道と、ほぼ同じところを、パステルナークの小説のなかの少女が通っていた。

「ドクトル・ジバゴ」で知られ、ノーベル文学賞を受賞した（ソ連当局の圧力で辞退、没後に受賞)、詩人、小説家ボリース・パステルナーク(一八九〇—一九六〇)。没後五〇年にあたる二〇一〇年、工藤正廣訳の二冊が、未知谷から刊行された。『リュヴェルスの少女時代』(一九一八年)と『物語』(一九二九年)だ。どちらにも、ウラルの風景が登場する。

『物語』巻末の工藤氏の解説(「ウラル論」の項)によると、パステルナークは一九一五年一二月に、はじめてウラル地方を訪れ、一年ほど滞在。そのおりの印象や体験をもとに、二つの作品が生まれたらしい。どちらも清新な、特色のある散文だ。『リュヴェルスの少女時代』の少女ジェーニャと家族を乗せた列車は、ペルミから、エカテリンブルグに向かう(榎本武揚の一行と、方向的には同じである)。そして、ウラル山脈を越える。

——あれがウラル?——と彼女は身を乗り出しながら車室ぜんたいにたずねた。

はじめて見るウラルの風景。そのとき、兄セリョージャが、「国境標柱《ストールプ》」というものを教えてくれる。アジアとヨーロッパの境界を示す標柱だ。《アージア》と記されているという。そこにさしかかるらしい。

魅せられた彼女の脳裡には、その《アジアの国境》が何か幻想的な境界の目印の姿で、言ってみれば鉄の棒くいに似たものとして浮んだ。

「何か墓碑に似たものが窓のかたわらを擦過してちらと見え」たとある。列車は、いつのまにか、アジアのなかに入っていた。「つい今しがたヨーロッパの依然として同じ埃っぽい榛《ハン》の木の林なのに、もう今しがたアジアの域のものとなった榛の木の林のかたわらを、飛ぶように疾走していたのだった」。同じ風景なのに、ヨーロッパからアジアへと「世界」が変わる。その分岐点はぜひ見たいものだが、とっさのことなので、こういうときは、しっかり見えないことも多い。ぼくも一〇年ほど前、山のなかを走る乗合バスに乗っていたら、「鹿だ！」というので、すぐその方向を見た。でも、すぐ見たところが外れたのか(この最初がだいじ)、結局見ることができなかった。他の乗客はみな、「見た」という顔をしていた。そんな小さなことも思い出す。

パステルナークははじめてウラルを越えたとき、標柱を見たことがあったのかもしれない。記憶のなかの「日記」が、作中の少女の目のなかに現れたのだろう。榎本武揚が見た標識と、少女の前に現れた標柱は異なるものだろうが、ウラルの「しるべ」であることに変わりはない。ヨーロッパとアジアを分ける風景を、時を隔てて、詩を書く二人が見たことになる。

赤裸々な日記

長谷川時雨の『旧聞日本橋』(岩波文庫)を読んで、その文章に魅せられた人は多いだろう。彼女はとても美しい人、心のきれいな人だったという。彼女の日記が公開されたとき、人はおどろいた。その心の激しさに。ある一日の激しさに。日本近代文学館編『文学者の日記8』(博文館新社)を見てみよう。

彼女は大正一〇年の元日から、ほんの心おぼえに日記をつけはじめたが、大正一一年七月七日の日記は特別なものになった。作家である夫、三上於菟吉《おときち》の浮気に気づいたのだ。とても長い日記だが、その一部。

三上の過去　現在の　女を見る眼を見ると、わたしの誇はあとかたもなくなる。

灰だ、一切が灰だ、灰色の生活だ。わたしも彼の狂しい、あばれ馬が一時狂つたやうな熱でしかけられたのを 冷静な なくてならぬ恋かと思つたのが ばからしい。何もかもが 呪はしくなる。

この七夕の悲劇は、彼女を深く悩ませることになるが、日記には、普段の彼女らしいことばがよみがえり、文章も平常に戻っていく。だがそのあとも彼女の心はつづく。日記では伝えられないものがあったろう。

徳冨蘆花の『蘆花日記』(筑摩書房)もまた人をおどろかせた。夫人との性交のようすばかりではなく、一家があずかった姉妹のひとり、琴との交渉も赤裸々につづられる。それらはみな同じ屋根の下でのできごとだ。大正三年七月の一節。

入浴後、琴を抱く。而して接吻。細君を抱いたり接吻したりする様の気もち。琴が逃げも避けもせぬのは、余を恐れるのであらうか、余を愛するのであらうか。

琴抱きながら「おとうさん」と小声に云ふ。あいつ悧口なやつだ――其一言で自分は一歩も進めなくなつた。不本意ながら抱擁の手を解く。

細君が湯から上つて来たあとで、全家奥座敷の縁から玉川の花火を見る。

琴を抱く機会は今宵の外にない。千載一時と抱いたが、「おとうさん」とはぐらかされて、悶々でならぬ。「おとうさんではない、おれはお前に惚れて居るのだ、おれは是非ともお前を姪せねばならぬ」と云ふ機会が欲しかつたが、到頭其機会がなかつたのだ。例の通り不徹底である。思ひ切つて強姦すればよかつたに。


性愛をつづる日記は筆にまかせればこれくらい大胆なものになる。だがそれを他人が読む機会はまず与えられない。この日記も公表を予期することなくつけられた。だが書いたものは、必ず読まれてしまうのだ。文学者の日記の宿命であろう。

徳冨蘆花はのちに随筆集『みみずのたはこと』(岩波文庫)のなかで「真夏の赫々《かくく》たる烈日を存分受けて精一ぱい照りかへす花の色彩《しきさい》の美は何とも云へぬ」(「夏の頌」)と書いている。夏のさかりに、カーッと開く花がいちばんきれいだというのだ。夏の暑いとき田圃のまんなかあたりで色鮮やかに咲く花を見ると、こんな暑いときにがんばるなよと、いとわしくも思うものだが、それがいいといわれてぼくはびっくりしたものだ。そして『蘆花日記』の放胆な、赤裸々な記述も、真夏の花なのかもしれないと思った。自分のなかの真夏の花を思いきり開かせる。それも日記が見せてくれる「自然」のひとつである。

親がつける日記

母親は、わが子のために母子手帳をつける。育児日記である。父親はどうしているのか。もちろん父親も、日記をつけるのである。木山捷平《しょうへい》は「わが半生記」(『角帯兵児帯《かくおびへこおび》・わが半生記』講談社文芸文庫)で、父親の日記を引用する。

明治四三年四月一日、捷平くんは岡山県小田郡新山村立新山尋常小学校に入学。父は、日記に書いている。

愈今日は小学校の新学期で、わが捷平の入学日である。捷平は永らく待った今日を嬉しう感じて、朝夙く起き出で、身づくろいして余と共に出掛けた。余程嬉しいものと見えた。学校で名簿を見たら、新入生は六十四人だ。△△の○○○○というのが三月三十日生れの最幼で、その次は捷平だ。それだけ他の児童よりは体格も小さく、且つ稚気が多い。

入学式が済んだのが十一時で、それから帰った。明日からはおとッつァんと同行するのではないと予期して居る。それでも構いはせぬと言って居る。家へ帰って門先を這入ると直ぐ「只今帰りました」と叫んだ。

父親もまた、自分が入学するみたいに興奮しているのである。「余と共に出掛けた」なんてね。「稚気が多い」などと一面シビアでもあるが、これもうれしさの表現である。いいお父さんだ。ぼくはこのお父さんと一緒にもう一度小学校に入学したいくらいだ。さて、捷平くんは小学校四年のとき(大正二年)、病気になる。この病気はかなり長引いた。父親はそのときも筆をゆるめない。もっぱら日記は息子の病状報告にあてられる。一部を書き出しておこう(曜日、天気は省く)。

大正二年
十月二日
捷平病。(今夜より)風邪にて咽喉がしんどいなり。一時は音声が出ざりき。
十月三日
捷平の病、昨夜よりよし。音声平生に復せず。今夜睡眠しても苦しそうに咽喉を鳴らして居る。

日記というものは、何らかの事情で、自分以外の人間が「主人公」になったときは、その「主人公」の立場になって、つけられていくものである。「咽喉がしんどいなり」は、これだけ切りとって読めば、父親がしんどいようなかたちになるものである。文章というものは、方向が決まれば、その方向のものになってしまう。文章は、相手のものになっていくのだ。とてもやさしい気持ちをもったものなのだ。

さて、このお父さんは息子を医者にみてもらい、薬をもらったり、注射をしてもらったりするのだが、病気はなかなかおらない。でも、看病のかいあって、月の終わりには、咳も少なくなる。

十月二十九日
捷平の容体平均しとる。
十月三十日
捷平容体一時間程平均しとる。明日は県病院に連れて行くときめた。病気を治すよりも岡山を見たいので行きたい風。本人に苦痛がないので仕方がない。これを余が書いとる今捷平は安々と寝て居る。平生よりか少し寝息が高いという風。顔色も大分よくなった。岡山でも夢に見とるのかも知れぬ。

作家木山捷平はこの随筆を書くために、父親の日記を読みながら、あのときはこうだったとか、実はあの前にこんなことがあったのだとか、「本人」の記憶をたてに、いろいろと訂正したり、また、ときおり父親の日記が「簡単で、覚え書き程度であるのは大変残念である」などとすましているが、それはてれているのだと思う。父親が日記を残してくれたことを、ほんとうはとてもうれしく思っているのだと思う。
日記をつけない親でも、わが子のことをこのお父さんのように心配しているものである。こうした日記の存在を子供は知らないし、親も忘れるのだ。でも子供は、そのなかで育つのだ。日記につつまれているのだ。

2　日記はつけるもの

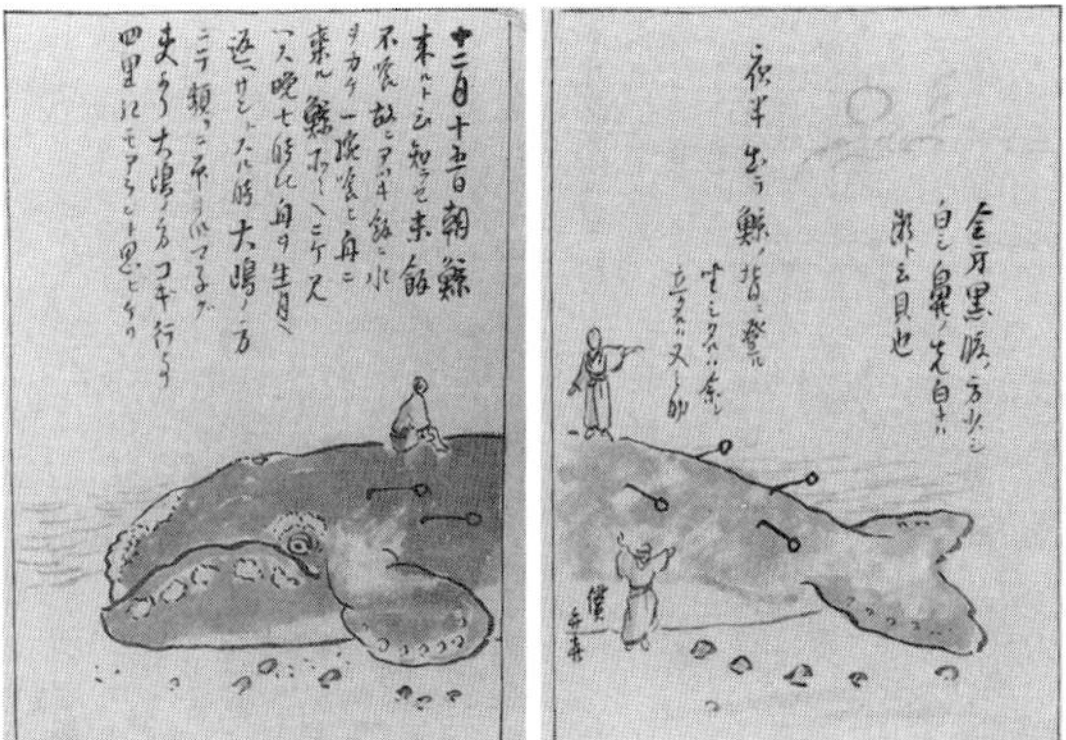

『江漢西游日記』より

日付と、天気。これは日記に欠かせない。そこから日記の一日は、はじまる。それからはいろいろ、自由。とてもこまかいことをつける人もいるかと思えば、いっぽうで、その日の食べものだけつけて、寝てしまう人もいる。人は日記に何をつけてきたのか。つけているのか。

「書く」と「つける」

日記に文字を記すことを「日記をつける」という。「日記を書く」でもいいが、「つける」を多く使う。

「書く」は、書いた文字がそのときだけそこにあればいいという、どちらかというとそういうものであるのに対し、「つける」は、しるしをつける、しみをつける、がそうであるように、あとあとまで残す感じがある。いつまでも残るように記すこと。これが「つける」なのだと思う。だから日記は「つける」のだ。

また「つける」は、あとから見てもわかりやすいように、決まったスペースがあると、力を発揮する。日記には一日単位という枠がある。日付、曜日、天気、ときには気温などの数字を並べるのも「つける」が得意とすること。こちらの意向にかまわず既に決まっていることを習慣的に記すには「つける」がぴったりだ。「書く」は形式を選ばないが、「つける」はかたちをもつ。それも残すためである。

日記と同じように「つける」ものに、手帳がある。手帳には、たとえば「新宿伊勢丹前　午後五時半　真知子」などと記す。真知子と、新宿で五時半に待ち合わせ、という意味だ。そしてそれ以上書くことはない。手帳の一日にわりあてられたスペースは狭いので、ことばの量が限られるからだ。予定がかさばるときは余白の頁を使うが、そこに入ると何日のものかぼやけるので、記録としては不十分である。

手帳に書くことの多くは、予定だ。手帳に書くことがあると、うれしい人もいる。明日、明後日、明々後日と予定が入るとそれがちいさなものであっても手帳に書く。ときどきとりだして、その文字を宝石を見るように見つめる。そしてつぶやく。

木曜日は(手帳を見て)よし子と会うの
土曜日は(手帳を見て)お姉ちゃんと

というように。手帳が空白だと未来がないように感じる。手帳は明日につながらしい。でもそれはあくまで予定の世界。手帳に書かれてもそれが実際にあったことなのかは、しばらくの間本人が知っているだけ。時がたつと自分でもわからなくなる。土曜日にお姉ちゃんと会わなかったとしても、手帳の文字をあとから訂正することはまずない。日記は手帳とはちがって原則として事実をあつかう。その意味では、とてもたしかな世界だといえる。予定が消えたり、傷をうけたときも、日記ならそれを受けいれてくれる。また手帳は落としやすい。携帯するので電話ボックスや喫茶店などに忘れる。電話番号簿も未来も落としては真っ暗闇だ。その点、日記は安心。いつも自宅にいる。

また、日記にはその日のできごとだけではなく、その日に限らず、最近思っていることもつけることができる。これは手帳にはない大きな特色だと思う。手帳と日記を併用せず、手帳だけの人というのは、活発ではあるが、内面生活をそれほど尊重しない人かもしれない。自分の世界も、世の中も予定をあらわす単語だけで十分だと思うのだろうから性格的にもさっぱりした人だろう。カレンダーに予定を書きこむ人もいる。水曜「生ゴミ」土曜「町内会」などと。生活のメモだが、そのままでは日記になりにくい。他人も見てしまうからだ。たとえ家族であっても公開されるものは日記とはいえない。カレンダーを隠す人はあまりいない。

日付と曜日

一日にはいろんなことがあるものだ。それが全部日記に書くことではないにしても、まったく何もないということはまれである。今日のぼくなどは、朝から晩まで家にいて、何もしなかったといっていいのだが、郵便は来たし、電話も来た。携帯電話も鳴った。そのひとつひとつに日記が対応したら、身がもたないけれど、うれしい手紙のひとつもあれば、それを記録しておくのもわるいことではない。

この間、未知の人から手紙が来た。内容的にはかなり迫力のある手紙だった。「荒川さんは新聞や雑誌の写真でみると、いつも同じような服を着ていますね。ひとことでいうと季節感がないです。どうでしょ。夏でしたら、ここはいっちょう、アロハなんか着てみるとかね」というふうな内容である。これはこたえた。こたえたが、日記にはつけなかった。

では手紙も来ない、電話もない、誰とも会わない、何も着ない(?)。そんな一日を過ごした人でも、日記につけることはあるのだろうか。

日記はそういう人のために、いいものを与えてくれた。それは日付と天気、この二つである。ドラマがないときでも、この二つは天から降ってくる。誰でも、それをもらえる。日記にとりかかる人は最初に日付を書くことができるのだ。それだけではない。天気も書くことができるのだ。またそれぞれのできごとに時刻もそえると、落ち着く。

通常は、日付のあとに曜日もそえる。月、火、水、木、金、土、日の七種類。もし曜日がなかったら、こころもとない。この世界の「七つの星」を、これまで通りに回っているんだなと思い、心が落ち着く。それに火曜はあの仕事、木曜は定休日というようにそれぞれの曜日のイメージをもって、人は生きている。曜日はとてもたいせつなものである。

というわけで、日記の冒頭は「九月七日(金)」のようになる。これを書くと、日記らしくなる。いいすべりだしだ。ここまで来たら、だいじょうぶ。

天気

次に書くのが、天気である。

どんな日記でもいいのだが、たまたまそばにある江戸後期の洋風画家、司馬江漢《しばこうかん》の旅日記『江漢西游日記』(『司馬江漢全集』第一巻、八坂書房)をとりだし、一七八八年(天明八年)一二月の日記(長崎を旅したときのもの)の書き出しだけ、つまんでみると。

十二月朔日、天気、西風、亦表具細工人宇吉方へ行キ、……
二日、亦朝より風雨雪霰ましる《(じ)》、此地海ト山あれ共渓流谷川なし、……
三日、今日も風雨霰、鯨を取ル嶋生月へ渡海、……
四日、天気風少シアリ、……

というふうに、やはり、天気のことではじまる。五日以降の天気のようすを順にひろっていくと、「天気」「天気」「天気」「曇」「亦時雨」「同ク時雨」「時雨風烈《レツ》霰」「風雨寒し」「天気ニなる」「亦雨バラツク」「天気」「天気」「昨夜ヨリ雨風アラレ」「風少しヤム」「又曇ル」「曇ル」「曇ル」「朝霰ふる、寒し」「天気、風」「朝霰ふる、後天気」「又大風雨霰寒し」「天気」「朝日照す又曇ル、雨ムラ〳〵降ル」「天気」となり、大晦日は「曇ル」で終わる。霰《あられ》が多い。長崎は、霰が多いのだなあと思う。あるいは、みぞれでも、ひょうでもなんでも、霰にしてしまったのかも。

鯨の絵をいっぱいかきたい江漢は、その日の空模様が気になって仕方がない。天気が荒れたあとに、晴れる日がやってくると、鯨と出会える確率が高いらしい(彼は、鯨を見たときはおおよろこびでスケッチした)。さて、この三一日の間に、一日だけ、天気のない日がある。天気を書かなかった日があるのだ。それは「十七日」だ。天気のない日記は、次のようにはじまる。

十七日、朝七ツ時より人足数十人、タイ松を照シ鯨を解く、各《ヲノ》〳〵長刀《ナキナタ》の如キ物を持て鯨の背《セ》にのほ(ぼ)り剪切《タチキル》、先ツ両アゴを切落シ頭の上を切ル、夫ヨリ尾の方を切り、又背を切り両脇を切り落す、……

このあともつづく。いつもよりも長い、張り切った文章だ。大漁中の大漁だったようで、「十度ニ一度も得る事かたし」とある。鯨にありついて、とてもとてもうれしいのである。天気を書くどころではなかったのだろう。めでたい日には、天気が消えるのだ。

その日の天気は、日記の文章に影響を与える。晴れた日であるときと、雨のときでは、文章のおもむき、あるいは方向が、ちがってくるのである。「晴れ」と書き出すと、そのあとは「午後、銀座にでかけた」などと書くことがにあう。「雨」ではじまると「一日、家」などという書き方がふさわしいように感じられる。一日を振り返るときの最初の一行の空模様が、文章やことばの光の量を加減するのだ。どんなにいいことがあっても、雨だと、文章やことばまでが雨のなかに入る。ふりこめられる。雨の日の日記は、その一日が、いかに晴れやかな舞台をふもうと、内面的なかげりにおびた消極的なものになりがちだ。そして晴れた日は、晴れ晴れとした調子のものになるだろう。日記は空とつながっているのだ。

日本人は変化の激しい自然のなかで暮らしているから、天気を書くのか。外国の人の日記はどうだろうと思って、いくつか日記を読んでみた。あまり天気が出てこない。司馬江漢が鯨を追いかけていた、ちょうど同じ頃、ローマで、詩聖ゲーテは何をしていたか。『イタリア紀行』下巻（相良守峯訳、岩波文庫）をのぞいてみると。

(一七八七年七月)

二十七日、金曜日。

なにしろあらゆる美術家が、老いたるも若きも、私の僅かばかりの才能をととのえ、ひろげることに助力してくれる。

天気はパス。いきなり本題に飛び込むのである。でも、突然「なにしろあらゆる」なんていわれてもね。それから少しあと、長崎に来航したロシアの全権大使レザーノフの『日本滞在日記　一八〇四―一八〇五』(大島幹雄訳、岩波文庫)の、一八〇五年の日記。

二月十三日(文化二年一月二十七日)

為八郎と義十郎、私の具合を聞きに来訪。彼らにまもなく江戸からの使いが来るのかどうか尋ねた。「もうじきです」という答えだった。

彼らに質問するのをやめた。

ここも天気は無用。いきなり一日の核心にせまる(彼は長崎に着いたが、通商を断られて「幽閉」され幕府の回答を待っていた)。二〇世紀、革命家エルネスト・チェ・ゲバラの『ゲバラ日記』(仲晃、丹羽光男訳、みすず書房)も見ておこう。ところはボリビアの山中。

(一九六七年五月)

二十五日　一時間半歩き、何の足あとも残さないでサラディリョに着いた。そこから約二時間、川上へ歩き水源へ着いた。

ひとつふたつの日記の一部をみて判断するのは無理としても、外国の人はその一日のいちばん印象的なことからはじめるのが普通らしい。内部の「気象」が優先されるのだろう。「なにしろあらゆる」なのである。

時刻

日記には、時刻を記すこともある。「午後三時半、平田君と会う」などと。あるいは、もっとこまかく「午後三時三二分、平田君と会う」と書くこともある。日記に記される時刻とはいったいなんだろう。

何時何分に何をした、ということは、よほど必要がないかぎり、読み返しもしない。役立つこともない。なのに、人は時刻を記録する。朝から昼、夕方、夜と時間を追って書いていくので、時刻で進むと、日記が書きやすくなるのだろう。また時刻で区切っていくと、思い出しやすいのだ。日記は、前へ、前へと迷いなく進み、そこにリズムも生まれることになる。また日付や天気は、自分の日記とはいえ、自分の力では変えたり、動かすことができないが、時刻となると、自分しか(あるいは当事者しか)知らない。時刻を書いたときから、その人の日記がはじまるのだ。そこから日記は自分だけしか知らない世界のなかに入っていくのである。だから時刻は欠かせない。

起床・就寝の時刻はたいていの人がつけるようだ。とりわけ就寝時刻を記すときは、たんなる記録ではない意味があるような気がする。

樋口一葉の日記は、就寝の時刻だけを追っていくだけでも興味ぶかい。その「にっ記一」(『ちくま日本文学全集　樋口一葉』筑摩書房)中、明治二五年一月の、就寝の時刻(あるいは状況)をあらわす部分だけを抜き出してみた。二〇歳の乙女の「夜」である。

一日　ふしどに入しは十二時ばかりなりけん。時計直しにやりてわからねど、ねたり。
二日　今宵も裁縫に夜をふかしたり。
三日　この夜もよべにおなじく、ふけては雨になりけり。
四日　今日もひねもす裁縫、なお夜更るまでもなしたり。
五日　おなじく、この夜も裁縫よふかして、一番鳥の声聞て、ふしどに入たり。
六日　この夜も、おなじく三時まで裁縫。
七日　おのれらは、あすの仕度かれこれして、夜をふかしたり。
八日　母君九時頃帰宅。十二時まで詠歌《えいか》す。
九日　この夜より、おのれが平常《ふだん》ぎの綿衣仕立にかかる。一時床にいる。
十日　この夜はなすこと、いと多くて、ふしどに入りしは一時なりけん。
十一日　床にいりしは十二時なりけん。

十二日　この夜よりまた小説著作にかかる。ことの外になまけたり。
十三日　日没後母君なおよろしからずとておのれまた按摩をなす。十二時床にいる。
十四日　十二時床にいる。この夜浜田何某《なにがし》夜にげの奇談。
十五日　十二時床にいる。
十六日　この夜小震あり。
十七日　よべ夜更《よふか》しをなしたるに風をや引けん、せき出てたえがたければ、わびていと早くふしどに入たり。三時頃大震。
十八日　この夜も早くうちふしたり。
十九日　この夜ねつ甚だし。
二十日　この夜も服薬して寝《いね》たり。
二十一日　（欠如）
二十二日　することなしに打ふしたり。
二十三日　田中君より新小説かりる。帰来閲覧に一夜を更《ふか》す。

一葉さんの風邪がいつなおったのか心配だが、二五日、二六日の日記にたったひとこと「無事」とある。回復はこのあたりか。三一日は「しるす程のことなし」としか書かれていない。月末になってからは、寝込んでいた分をとりもどすべく、あれこれとたちはたらき、日記をつけるどころではなかったのだ。

一葉は連日とても晩くまで起きていた。毎日のように早起きをしている。体にこたえたろう。母と二つ年下の妹との三人の暮らし。裁縫と洗い張りで生計を立てた。一家を支える彼女のきびしい生活がうかがえる。一日の活動量の多い人は、就寝の時刻についてもつとめて注意を払うことになるのだと思う。このように日記のおわり、おしりのほうでその人の姿が見えてくることもあるのだ。

食べもの

「冥途」「旅順入城式」などの名品で知られる内田百閒も日記の人だった。八二歳で亡くなる直前までつけた。七〇代の半ばには一〇〇字前後はつけていたが、年のせいか、だんだん数がおとろえる。七八歳(昭和四二年)の夏の日記(『新輯 内田百閒全集』第二九巻、福武書店)を見てみよう。新字に変えた。曜日の下の旧暦は省く。

八月二十五日　金曜日
晴。就褥二時半。
八月二十六日　土曜日
半曇、午後大雷雨。就褥二時。
八月二十七日　日曜日
半曇、就褥二時。
八月二十八日　月曜日
曇。就褥二時半。

と、つづく。天気と就寝時刻だけとは、さっぱりしたものだ。徹夜もひんぱん。今日は二時に寝ることができた、あるいは今日は三時だ、もう四時だという声が単純な記録からも聞こえてくるような気がする。体を気づかう毎日だったろう。

日記とは別に、食事のメモ(番号付き)が残っている。昭和四四年、八〇歳の文豪は何を食べていたか。

六月十日　火

1　みつば山椒吸物

2　平目お刺身

3　平貝　わさび

4　仙台そら豆

5　あげ煮附

6　トマト

7　サラダ菜

8　のざき大和煮

9　玉木や佃煮

10　炒り豆ふ

11　うなぎ蒲焼

このあとに酒らしい文字もあるので、お酒ものんだのだろう。つづけて読んでいくと、記号が見つかった。それぞれ別の日だが、食べものを並べたあと、たとえば、

×かれひ煮附
×うなぎ佃煮
×あゆあめ煮

のように「×」印がひとつふたつあるのだ。つくってみたが、おいしくなかったのか、食べるつもりがやめたのか、あるいはその日の口には合わなかったのか。はっきりしたことはわからないが、この「御膳メモ」は、同じ日の「さっぱり」味の日記本体よりも文字数が多い。ちなみに同年五月の日記には、次のようなメモが入っている。

おいしい物

○かれひノ煮こごり
ゼラチンさめナドトハ違フ
殿様ノ食フ様ナモノ
○鳴門のわかめ
泣キタクナル程ウマイ

こうしてみると×もあるが○もあったのである。文豪は食べることを最後まで楽しんでいたのである。○をつけ、×もつけて一日一日を味わっていた。

それは、食べることに興味をもっていたというより、その他のことを書く必要はないからである。彼は老齢になっても次々に力のこもったものを書き発表していた。心のなかのことは発表され、外に出ているので、日記には書くことがないのだ。寝ることと、食べること。その確認に日記はついやされた。日記をつける習慣だけがつづいた。いらないものが消えて、つけるということだけ、その習慣だけになった。だからといってその人らしさがなくなったのではない。書くということ、書いて生きているのだということが、はっきり取り出せるように見えてきた。彼の内部は必要なものだけをかかえて、いきいきと働いていたのだと思う。

いつ、どこでつけるのか

日記は、その日の夜、就寝前につける人と、あくる日につける人など、さまざまだ。自分が寝た時刻は、その日には決してわからないものだけに、それをどうするかは懸案のひとつである。ぼくは寝る前に就寝の予想時刻をつけて寝ることにしているが、なんだか、夜起きているのが、楽しくなって、予想をはるかにオーバーしてしまうことも多いのだ。どんどん仕事をしてしまう。どうでもいいことまで、したくなるのだ。こういうときは、実際に寝た時刻を、あとから訂正。不規則な生活をしているので何時間寝たかは健康というか、いのちにかかわること。いずれにしても「いつ寝たか」は両日にまたがることである。日記はこの一点で「一日」からはずれ、宙に浮くことになる。

あくる日に日記をつける人もいるが、前日のことを思い出すのは容易ではない。つけてしかるべきものも忘れてしまう。もちろん消えてしまった日のことだから総じてかろやかな気分でつけることはできる。

つける時刻も自分で決められる。日記をつけるための時間をとればいいのである。でもこれがなかなかむずかしいという人もいる。おとなになると、時間がとれない。時間がとれると、他のことをしたくなるので、日記どころではなくなるのだ。

人が日記をつける現場を見かけたことがある。何をしているのかなと思うと、日記をつけていたのである。みんなが近くで飛んだり、跳ねたりして活動していても、静かな時間はどこかにあるものだ。

つける場所は、たいてい自宅である。外に持ち出すと落としてしまう危険がある。また、そばに人がいるときはつけにくい。家のなかでも、日記を保管する秘密の場所からあまりに離れた所でつけると、つけたあと、そのへんに置き忘れてしまうこともある。

親しい他人の日記がもし目の前にあると、開いてみたい気持ちが爆発しそうになるが、不思議なことに、開かないものである。「そうなのかあ」という感じで、その場を去ってしまう。日記をつけるもの同士の友情か。

日記の客

会った人のことは、どんなふうに日記のなかに残っていくのだろう。

ぼくは毎週、非常勤で大学の講義をもっている。つづけて、ふたコマ。出欠はとらないが、それぞれ五〇人から一〇〇人くらいが聞きにくる。ぼくは日記に講義の題目を記録している。どうして記録するかというと、お客さんが来るときがあるからだ。お客さんとは、①かつてこの講座をとった在学生なのに、その日たまたま聞きに来た人、②何年か前に講座をとった卒業生、③他の大学の学生、院生、先生、④取材で来た新聞社、出版社の人、⑤何もないのに聞きに来た人。

このような人がいつも一人あるいは二人、ときには数人いる。

ぼくは毎回、これまで話したことのない、新しい話題にしようと決めている。はじめて人にする話を「舞台」にかけるときは、つっかえたり、ことばがうまく出ないものだが、それでも最初なので、話に力があるものである。いつか話したことのある話をすると、なれているので、聞いている人には聞きやすいが、自分で話していて「つまらないなあ」と感じ、それが話を薄めてしまう。そうなることは自分にとって、つまらないことだ。人間は同じ話をしてはならないのだ。自分のために。

でもそうとばかりはいかない。ゆうべ仕事で疲れて予習できなかったときなどは、つい昨年あるいは数年前に話したことを話してしまうこともある。もしその場に、以前同じ講義を聞いた人がいたらそれははずかしいこと。あとでいわれるのである。「先生、またやってましたね」「あらあ、君いたの？　二回も聞いちゃったか」「三回です」。ある人によると、ルソーの「つるにちにち草の話」(小さな花に再会したことがきっかけで、小説を書くことを思いつく)などは、ぼくの「十八番」だそうで、五回は聞きましたというから敵もさるものである。これを避けるために何日にKが来た、Sは前の授業は聞いたが、後ろは会社に戻るために帰った(！)などとこまかくつける。たとえば二〇〇一年前期なら、こんなふうに。講座名は前のが「ことばを見る」、後ろが「現代文学史」。アルファベットは、お客さんの略称。

四月一二日
「ここで話すぼくと、みなさんは敵か味方か」S、「文学部の運命」S

四月一九日
「朝日新聞と産経新聞の読み比べ」M、「吸収される作家たち」K

四月二六日
「近代・現代の俳句」G・S、「二葉亭四迷伝を書く中村光夫の年齢」G・S
五月一〇日
「本のしくみ(編集・製本のことば)」、「網野善彦と一遍聖絵」
五月一七日
「表外漢字について」F、「文学全集の時代・大正期の読者」F
五月二四日
「詩と資本主義(詩集の定価)」S、「あの人はえらい人だとかなりあとからわかること」(岡本太郎他)
五月三一日
「書評の甘さ・きびしさ」D・M、「一九六〇年代の評論家列伝」M
六月七日
「芥川龍之介の外出」T・D、「高見順・昭和文学盛衰史」T・D
六月一四日
「芥川・直木賞作家の出身地一覧」、「武者小路実篤の新しさ」R

六月二一日
「朝鮮半島の詩の歴史・ハングル講習」、「日本の童謡」S
七月五日
「曾野綾子の戒老録の教訓」H、「高橋源一郎・日本文学盛衰史」H
七月一九日
「徳富健次郎・みみずのたはこと」、「個人全集は没後何年で刊行されたか」D

あらかじめ聞きに行きますよと予告してくる人もいるが「先生、久しぶりです」「なんだ、工藤くんじゃないか」というように突然来る人がいるのである。あるいは、ルソーの話をして、いよいよ佳境に、というときにふと「客席」を見ると、あら、Rさんがいるではないか。いけない。Rさんはたしか三年前にこの話を聞いていたなあと思い、ぼくは急にとりやめる。ちがう話に変えてしまうのだ。そこまでしなくていいだろう、気のつかいすぎではないかと人はいうが、ともかくぼくは少しでもはずかしい人になりたくないために記録を残すのである。日記に、ここ数年の「お客さま記録」をはりつけ、不測の事態にそなえる。

つけることは自分のためなのだ。自分のしたこと、していることがわかるのだ。明日が見えてくるのだ。日記のなかには、ぼくを育てる、お客さんの姿がある。

行商の日記

人は仕事でも、日記をつける。商いの記録は、数字を中心にしながら、人と物との物語をつづっていく。

ブルガーコフ『巨匠とマルガリータ』、ヨシフ・ブロツキイ『私人 ノーベル賞受賞講演』など、ロシア文学の出版で知られる群像社(横浜市南区)は、「群像社通信」(B5一枚・年に一〇回)を発行。新刊案内、書評の抜粋、読者の便りなどを掲載する。そのすみっこに「今月の行商日記」という欄がある。小さな文字で組まれている。群像社は、たったひとりの会社のようだ。ロシア文学関係の催しなどがあると、社主(島田進矢)は出かけて、会場の一角で自社の刊行物を販売する。「今月の行商日記」は主にその販売の記録だ。数字は、漢数字になおした。

六月四日(土)

栗原成郎氏の古希記念論集として企画され小社から刊行した『ロシアフォークロアの世界』の出版と栗原氏の古希を祝う会が都電早稲田駅のそばの欧風レストランでひらかれた。ちょうど事務所を出たと同時に前も見えないほどの土砂降りの雨、本が濡れそうなので滅多に乗らないタクシーで会場へ。出席者三〇人ほどの和気あいあいの雰囲気のなか、出版社からのあいさつも求められて一言。〈群像社　友の会〉の会員でない方も多く、久々に群像社の本を目にして奮闘ぶりに感心したようとうれしい感想をいただきながら『ロシアフォークロアの世界』ほか、今年の新刊が数冊売れて、雨上がりの道を帰社。（第四一号／二〇〇五年七月）

当時の群像社は、東京都文京区本郷。本郷から早稲田までさほど遠くはないが、それでもタクシーに乗ったら、収支にひびく。でも「数冊」は売れたようである。

七月九日(土)

神奈川県民ホール開館三〇周年記念事業のシリーズ「詩と音楽」(全四回)の二回目「ロシア〜金の時代、銀の時代」の主催者から前日に「会場で本を売りませんか」と連絡をもらい、当日午前、急遽準備を整えて昼には横浜市の山下公園近くの県民ホールへ。解説役の支援会員Mさんのお心遣いで声がかかったと知り感謝。一九九七年に日本デビューして以来各地でコンサート活動をしているイリーナ・メジューエワのピアノに、今回初来日したエレーナ・オルホフスカヤのソプラノと朗読がつくという趣向で、取り上げられるプーシキン、マンデリシュターム、アフマートワを中心に詩の既刊本と新刊をならべる。予想通り、群像社は初見というお客さんが多く、本をめぐって新鮮なやり取りをしつつ、詩集に加え、『チェーホフの庭』や『私のモスクワ、心の記憶』といったエッセイも手にとってもらえて、一九冊の売り上げ。夕立のなか、片手にさげた軽くなった荷物に傘をさしかけながら、自宅へ直帰。

（第四二・四三合併号／二〇〇五年九月）

この「日記」は、あわただしいなかでつけられているはずだが、なかみは濃い。短い文からも、感じとれることがある。ロシア文学といえば小説を思いがちだが、詩を中心にみると、音楽との接点がある。プーシキン以下詩人や演奏者などの名が記されているが、こうしたことをいつか共有できる読者の存在に思いをはせてのことだろう。

「群像社は初見」の客との「新鮮なやり取り」のようすも感じとれるし、「軽くなった荷物」に、傘を「さしかけ」る情景には、本に対する思いがみえる。それにしても、この日もまた雨が降っていたのだ。

同号「営業短信」によると、NHKのラジオ番組で紹介されたこともあって、ヨシフ・ブロツキイの『私人』が、一週間で二〇〇冊ほど動いたらしい。でもこれは例外だろう。「今月の行商日記」に、はなやかさはない。一日一日の地道な努力によって、読者のもとに本が届けられる記録である。

七月三日(月)

「ロシア・ソビエト映画祭」の会場となる東京・京橋のフィルムセンターへ。かなり前から会場で本を売ってもらうつもりでいたのに、直前になるまで頭がまわらず開催日前日の依頼となる始末。それでも無理をきいていただき上映作品にからむ『モスクワは本のゆりかご』と『デルス・ウザラー』をもって駆け込み。四日から三〇日までの会期中に計三冊の売り上げ。

(第四九号／二〇〇六年八月)

会場にずっといて販売するのではなく、委託だったらしい。こうした委託のケースも少なくない。他社の人が、こちらの本もいっしょに並べて売ってくれるのだ。逆に、他社の本を預かって売ることもある。きょうの島田さんは、会社だろうか。どこかの会場だろうか。

小さな文字が、雨の日もつづられる。

玄関先で

『杉山平一全詩集』上巻(編集工房ノア)に、「訪問」という詩が入っている。とても短い詩である。

「訪問」

門のボタンを押すと
ベルが鳴ったらしい
玄関の電気がついて

どなたですか　と声がした
とたんに犬が吠え出し
幼い子供が泣き出した
それを叱る母親らしい声がきこえ
ガラッガラッと何か床に落ちた気配
轟然と飛行機が一機
頭上を過ぎた
僕は深く呼吸をとゝのえて
言った
すぎやまと申すものですが

門のボタンを押してから、名前をなのるまで。ほんの二〇秒ていどの時間の世界である。こんな詩はめずらしい。普通ならば「ある人の家を訪ねたら」の一行ですませてしまうところだが、作者はこまかく時間を追う。ちいさなできごともていねいにつまんでいく。また、普通ならこのあとのこと、どんな人が出てきたか、どんなことを話したのか、というようなことを書いていく、あるいはうたっていくものなのに、この詩は、これだけで、そう「玄関先」でおしまいなのだ。最初が最後なのだ。あるべき内容がないのである。でもぼくはこの詩を見たとたん、いい詩だと思った。

ボタンを押す、玄関に電気がつく、声がする、犬が吠える、子供は泣く、母親が叱る、何か落ちる……人はこういう手順で、日々の場面をつくっているのだということが、この詩を読むとわかる。すること、されること、見えてくるもの、聞こえてくるものが、こんな二〇秒足らずの間にも、たくさんあるのだ。そのひとつひとつを、あるいはつながりをあらためて注視したくなる。

日記ではまさか、こんなこまかいことまではつけない。だが一見何もないように感じられるようなところにも、人間が感じとっていいものがあるのだ。無意味なことをふとかきとめる。日記をつけていると、そういうことがあるが、それも無意味なことではない。

相手の日記をつけてみる

一日が終わり、日記をつける。今日は楽しかった。夢みたいだったな。そんなとき、人間は有頂天になる。いっしょに過ごした相手は、どうだったのか。どんな気持ちだったのだろう。ぼくの気持ちとはずいぶんちがっているのではないか。ということで、その日の「相手の日記」を想像するのもいいだろう。たとえば、こういうこと。

〈ぼくの日記〉

暑い下町の夕方を散歩した。「あ、あそこじゃない？」と、あちこちで彼女の方が地理のかんがよくて助けられた。喫茶店では世界旅行の話をした。ぼくはあがって下を向き、話もしどろもどろだったけれど、食事のあとで「今日は楽しかったわ」といってくれ、またぼくは助けられた。帰りに公園に行った。時間がなくなるとことばが出なくなり、見えた電車のことを話した。ひとりになりたかったろうに、○○駅までついていってしまった。彼女は終始すてきだった。もっと話をしたいと思ったけれど、こんな一日が与えられただけでもぼくは幸福だ。おやすみなさい。

〈わたしの日記〉

誘われたのでいっしょに下町を散歩した。はじめて乗るバスに乗り、行ったところもなじみのないところばかりだった。○○さんは何度も汗をふきながら、楽しい話をしてくれた。帰りに公園の下におりて夜の川を見た。流れがはやい。「あの電車はなんでしょうね」というのだが、わたしにはわからなかった。どうして夜の公園に誘われたのかもわからなかった。おやすみなさい。

後ろの「わたしの日記」は「ぼく」が想像したものである。「ぼく」の日記が「わたし」の日記より長いのは、ひとつひとつのことをのがすまいと(たいして繊細な描写はないが)懸命になっているからであろう。「わたし」のほうは、短い。すっきりしている。これで「ぼく」と「わたし」はすれちがっていることがわかる(?)。

もちろん「わたし」の日記は、「ぼく」の想像であり、実際はまったくちがうものだろう。人は他人の日記を見ることはない。だからいつまでも「ぼく」の日記は「ぼく」だけのもの。「わたし」の日記になることはできないのだ。

でも、こんな日記を見つけた。フレデリック・ボワレの新刊『ゆき子のホウレンソウ』(関澄かおる訳、太田出版)である。著者は一九六〇年フランス生まれ。日本の国際漫画賞を受けたあと東京に居を移した。これはマンガの日記だ。

フランスの青年が日本の若い女性「ゆき子」と知り合い、親しくなる。四月から九月までの二人のようすを、映像のような、写真のような、独特のタッチで描く。キスをして、愛し合うところまで、どきどきするほど、楽しくて、きれいな「絵日記」だ。女の人もこんなふうに自然な自分の姿が描かれたらうれしく思うかもしれない。

マンガは二人の姿をかいている。彼の日記は、彼女の日記にもなっているのだ。

3　日記のことば

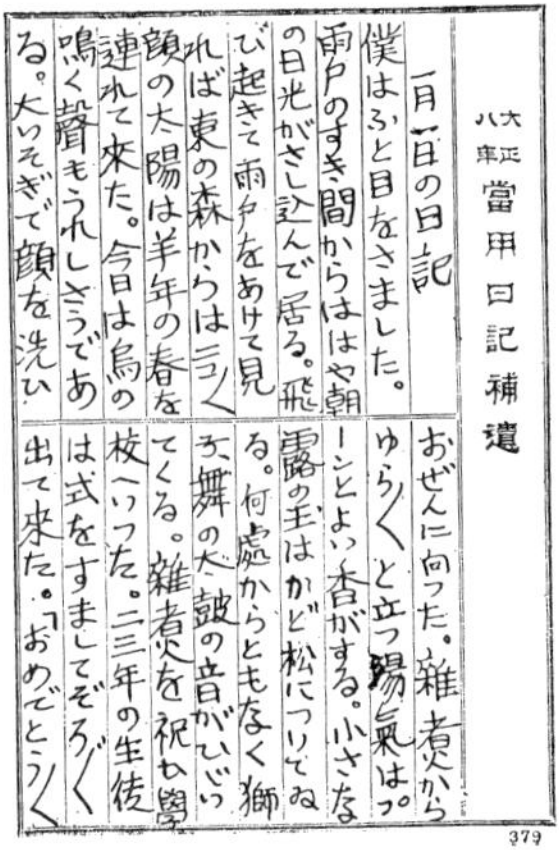
大正八年　當用日記補遺

一月一日の日記
僕はふと目をさました。
雨戸のすき間からははや朝
の日光がさし込んで居る。飛
び起きて雨戸をあけて見
れば東の森からはうら〳〵
顔の太陽は羊年の春を
連れて來た。今日は鳥の
鳴く聲もうれしさうであ
る。大いそぎで顔を洗ひ
おぜんに向った。雑煮から
ゆら〳〵と立つ陽氣はプ
ーンとよい香がする。小さな
露の玉はかど松につりてゐ
る。何處からともなく獅
子舞の太鼓の音がひゞい
てくる。雑煮を祝ひ學
校へいった。二三年の生徒
は式をすましてぞろ〳〵
出て來た。「おめでとう〳〵

379

『続　高見順日記』より

日記は、人に見せるものではないから、あったこと、思ったことをスイスイ書いていく。ことばをまちがえても、文章の道をまちがえても、気にすることはないのだ。なのに、知らず知らずのうちに、日記の文章は、やはり日記の文章らしいものになっているものである。日記と普通の文章は、どこがちがうのだろう。

手書きの文字

まずは文字のことから。

子供のときの字は、友だちのものと、さほど変わらない。でもいまはちがう。何かのきっかけで、たとえば人の字をまねたりするうちに、いまの「かたち」になったのだろう。

まず出会うのは幼稚園や小学校の黒板の先生の字である。これが、ていねいで、でかい。しかもゆっくりと書く。それがまず頭に入る。同時に、先生のとは少しちがう、親の字。そして友だちの字など。

それからも人から手紙をもらったり、ちょっとした機会に人の書き物を見せてもらって、ああ、こんなふうな字の書き方があるのだと、気づく。そこでも変わることがある。自分の字には、意外と長い歴史があるはずである。

親と子あるいは兄弟姉妹が、性格も生き方もちがうのに、字ではとても似ていることがある。その親の字は、そのまた親の字を受け継いでいることもある。こうして、誰かの字を受け継ぎながら、自分の「かたち」になっていくのだ。

日記は大多数の人が手書きだと思う。ワープロでつける人もいるが、手書きの文字のほうがあとから見ると楽しい。自分の字の変化がわかるからである。また、字はある程度は変化したほうが、その人のためにはいいように思う。

ある地点までは行くが、なかなかそれ以上進まない。止まってしまう。誰にでも、そういうことがある。そんな壁が見えたときは、自分の字を見つめてみるのもいいかもしれない。少し大胆に書いてみたり、あるいは控え目にしてみたりと、字のようすを変えることで、これまでとはちがう新しい自分になれる。少なくとも気分は変わる。

ここはいつも、はねるな。ははは、わたしらしいな、と思った、その一点に、あえてメスを入れてみる。すると、関連する文字のようすもおのずと波紋を受けいれて変わるので、そのうちに大きな変動があるかもしれない。結局、また戻ったりもするのだが。

日記は、字の現場でもある。日記をつけながら、ときに筆をとめて、字を見つめるのも意味のあることだと思う。

はじめての日記

日記のことばとは、何だろう。日記以外のことばと、どうちがうのだろう。

日記は、他人が読むものではない。だから、ことばは、自分の知っていることばに限られる。知らないことば、使いなれないことばは回避する。これが大原則だと思う。早く書いていくから、ことばに詰まったら、時間をとられてしまう。効率の面でも、よく知ったことば、使いなれたことばのほうがよいことになる。

最初に日記をつけたときの、文章を見ておこう。

『高見順日記』(勁草書房、全八巻九冊)は、昭和一六年から同二六年までの日記を集めたもので、文学者の日記の「代表作」のひとつである。戦争をはさんで、ひとりの文士がどのように生き、暮らしていたかを克明に伝えてくれる。それはひとりの庶民の記録でもあった。

公表するつもりでつけたもの、公表するつもりはなかったが公表することになったものなどがあるが、発表するときは高見順自身が目を通した。そして高見順が亡くなったあともこの日記はつづいた。というのは、高見順の日記をもっと読みたいという人たちがいるので、秋子夫人は高見順の子供の頃の日記や、学生のときの日記まで、さかのぼってみることにした。それらと、これまで公表されなかったおとなになってからのものを収録したのが『続 高見順日記』(同、全八巻)である。その第八巻には、子供のときの日記が収められている。その冒頭にあるのが、高見少年最初の自発的な日記と思われるもので、東京府麻布東町尋常小学校六年、一一歳のときのものだ。以下原文のまま。ただし「註」は編者がつけたもの。

一月一日

僕はふと目をさました。

雨戸のすき間からははや朝の日光がさし込んで居る。飛び起きて雨戸をあけて見れば東の森からはニコ〳〵顔の太陽は羊(註=未)年の春を連れて来た。今日は鳥の鳴く声もうれしそうである。大いそぎで顔を洗いおぜんに向った。雑煮からゆら〳〵と立つ湯気はプーンとよい香がする。小さな露の玉はかど松についている。何処からともなく獅子舞の太鼓の音がひびいてくる。雑煮を祝い学校へいった。

高見少年は、学校からいったん家に帰ってから、友だちに誘われて「活動」(映画)を見に行った。その場面。

「ええねえさんゲブ〳〵うゝゝ」労働者はひさしぶりの酒をうんとのんで居酒屋からよっぱらって出て来た。「私これ今日お年玉ではごいた買ってもらうのよ」「そう――　私いつ買ってくれるかわからないわ」と二三人の女の子が言いあって居る。又向う家では「ひでちゃんおいでよ、よくあがるから」と十一、二歳の男の子がひでちゃんとか言う女の子をよびにくると「あゝ今いくよ」と家の中から聞えて来る。「あゝはやく」「さあいこう」と武士の絵凧をもってでてきた。「どこであげようか」「有馬(註=旧有馬子爵邸跡の原っぱ)にしよう、さあゆこう」

とかけだしてゆく子もある。皆それ〴〵正月の喜こび《(ママ)》が顔にみえる。「西郷隆盛だって」「そうかい」西郷隆盛は明治維新の際たいそう偉い人だった。いつもにぎあう《(ママ)》三田の通りは今やっと起きたと見えて大きな商店の小僧さんは赤い目をこすり〳〵雨戸をあけているからあたりはしんとして電車ばかりがごーうごーうと線路の上をすべっている。

このあと、まだつづく。とにかく、高見少年はことばを知っている(誤字もほとんどない)。また子供の、それも「最初の日記」としてはかなり長いし、内容も濃い。映画館の「労働者」のようすや、知らない友だちのようす、街の眺めなど、外側に目が向けられている。自分というより、むしろ周囲を描いて、結果として自分の一日を描くことになっている。また人物を描くとき会話をつかうのも特徴。最後には西郷隆盛の解説？までつけている。なかなかてびろい。「最初の現代作家」の初日にふさわしいといえる。

順序

高見少年の日記は、ある意味では、いかにも日記らしい日記である。というのは、時間の進行通りにつけられているからだ。どんなに早熟な人がつけたものでも、日記のなかのできごとはそのように並べられていくだろう。

目をさます↓朝日がさしこむ↓雨戸をあける↓顔を洗う↓雑煮を食べる

というように時間が進む通りに、ことばが出てくるのだ。これに疑問をもつ人はいない。まったくもって普通のことだから。時計の針にそってつけていくと、思い出しやすいし、また、つけやすいことは前に述べた。

では、日記以外のところで見かける文章はどうなっているのだろうか。司馬遼太郎『草原の記』(新潮社)の一節。モンゴルの婦人ツェベクマさんとの対話である。紀行文だが、内容的には日記に近いものである。

「しかし、地形にも、微妙にちがいがあるんです」

と、彼女は言い、またこの大草原にも、丘陵が折りかさなって起伏しているところもあれば、鏡のような平原もある、という。

「第一、雲のにおいがちがいます」

とまでは、彼女はいわなかった。ここは私の創作である。ただ私は、想像してみたいのである。モンゴル人の胸中の故郷には、どの国ともちがう特別な雲がうかんでいるのではないか。

「第一、雲のにおいが……」とくると、ツェベクマさんがそう言ったかのように、読む人は受けとるが、これは「創作」であると司馬氏はあとからことわる。このように想像したことを最初に振るのは司馬氏の文章ではよく見られることである。たとえば『街道をゆく31　愛蘭土《アイルランド》紀行II』(朝日文芸文庫)の一節。

私どもが帰ってきて須田さんにお会いしたときも、このひとは、

――アラン島はいかがでしたか。

とはきかず、ご自分の中でつくりあげたアラン島がいかにすばらしいかを、行ってきた者以上の濃密さで雄弁に語られた。白く青ざめた岩、崖、岩盤、絶壁。黒い大西洋にむかって吹き飛ばされそうになる自分。静まりかえる大きな空虚。

「その空虚が、物を産みつづけるんです」

須田さんは、いう。

「アラン島はいかがでしたか」も、架空のものである。さらに「白く青ざめた岩」から「大きな空虚」まで須田さんの語りを端的にまとめ、「その空虚が、」で須田さんのせりふに戻る。文章の自在な運びには、思わず息をのむ。リズムがある。スリルがある。司馬遼太郎がどんな日記をつけていたかは知らない。だが、紀行文というかたちになるとき、彼は時間通りにつけられた日記を、あるいは日記的な事実を、解体する。紀行文という自分の文章をつくるために、時間をばらしていく。会話は現実の状況から離れ、そのなかに別の時間が、あるいは空想がはさみこまれるなどして、ひとつの文章が仕上げられていくのである。

だからこれは日記ではないのだ。でも日記と、普通の文章のちがいについて、語ってくれるのである。

一本道

ぼくは子供のときから、日記をつけているが、日記をつけつづけると、思考の面では、どんなことになるのだろう。もし変なことになっていたら、つけるのを中止？しなくてはならない。

ぼくは日記をつける。一日のできごとを、ほぼ時間通りに並べていく。その習慣はとても長期にわたるものである。原稿を書いている年数を上回る。だから目の前にあることを、あるいは体験したことを、時間の進行通りに、すなおに書いていくということは、いたって普通のことだと思っている。またそれがぼくにとって自然なことだとも思う。そのような考えはおそらく日記から離れないかぎりはつづくのである。つまりぼくは、一本道を歩いてきたのだ。

だから、時間をちょっとだけ操作したり、横道に入っていくような文章が、なかなか書けないのである。まっすぐ、進む。これしかできない。だから、ちょっとでも「ひねった」文章に出会うと、そのすばらしさに感嘆はするが、どうしたらこういう文章が書けるのだろうと不思議にも思うのである。

中野重治の名編「萩《はぎ》のもんかきや」(『ちくま日本文学全集　中野重治』筑摩書房)の冒頭。

そのとき私は萩の町をあるいていた。私はぶらぶら歩いていた。私の用事はすんでいた。私はひとぶらつきぶらついて、それから汽車に乗って東京へ帰ればそれでいいのだった。

これは小説であるから、さきほどの司馬遼太郎の文章と同じ、ひとつの作品である。ぼくはこの文章の呼吸に見とれつつも、実際にはぼくには書けない。書けないというよりも、ぼくの頭はこんなふうにならない、ことばを並べられないと思う。おそらく、ぼくならば、こうなる。

萩で用事をすませた。時間が余ったので、そこらをぶらぶら歩いた。それから東京へ戻った。

簡単にいうと、こんなものしか書けない。こんなものにしかなれない。「歩いた」や「ぶらぶら」を中野氏の小説のように、あちこちで登場させることなどできない。時計の針が動く通りに、書いていくしかない。日記の文章が、ぼくにしみこんでいるためかもしれない。

さらに、ぼくはこんな文章が憎らしくてならない。

二葉亭の仕事は、季節が早すぎたため育つ条件にめぐまれなかったにせよ、ともかく生きた近代の芽であったに反して、逍遥は、二葉亭の感化で意識の上では近代小説の入口までつれて行かれながら、気質と教養の上から、その門に入れないことに苦しんだのです。

中村光夫『二葉亭四迷伝　ある先駆者の生涯』(講談社文芸文庫)の一節である。ぼくはこのいりくんだ文章、しかも濃縮されたみごとな文章を目にすると、あまりのことに卒倒しそうになるのである。うわわ、すごい。その意味のいりくんだこと。だが表現としては完全である。ぼくのよわい頭でなんとか整理してみると、ここには、たったワンセンテンスなのに、これだけのことが表現されているのだ。

● 二葉亭四迷の仕事は時期が悪くて育たなかった。

●でもそこには「生きた近代の芽」があった。
●坪内逍遥は(年下の)二葉亭に感化された。
●おかげで、逍遥さんは意識の上では近代小説の入口まで連れていかれた。
●けれども気質と教養で、二葉亭にかなわない。
●門の中に入りたいが、入れなくて、苦しんだ。

つまり、この二人の絶妙の関係が、たった一行の文章で、表現されているのである。批評の達人とはすごいものだ。ぼくならば、この数倍の量をつかっても、この文章の門の入口にも達しないはずである。

このような文章は、ぼくの日記からもっとも遠いところにあると思うのだ。どこも一本道ではない。時間も思考も論理もからみあい、もつれあう。しかも最終的には一本道を見るような心地がするのである。しかしそれはまったく性格のちがう一本道なのである。

そしてこのような、日記ではない「普通の文章」の究極のかたちを見て、ぼくは思うのだ。ぼくの日記がいつも時間通りにつけられていくことは、それ自体は少しもはずかしいことではない。だが一の次に二、そして三になるような日記の文章になれてしまうと、どんなに長い文章を書いたとしても、ひとつのことしか書けないのではないかと。

中村氏の文章には、とてもたくさんのことがしまいこまれている。もちろんこれは文章の理想のひとつであり理想のすべてではない。だがいっぱい入っているな、いろんなことにふれているな、大きいな、ひろいなとぼくは思う。こういう大きさやひろがりをもつ文章の世界は人間がいつか体験したい世界でもある。

ぼくの日記は一本道なのだ。一本道だから、ある意味で、ひとつのことしか書かない世界でもあるのだ。それがどんなに長い文章であっても、どんなにたくさんのできごとを入れたとしても、そこに時間に従うというスタイルがあるかぎり、たったひとつの世界のなかにいることになるのだ。あたりまえのことかもしれないが、ぼくにとってこれは重要な発見だった。

だからといって日記のなかで時間を混乱させてしまうわけにはいかない。順序をいじるわけにもいかない。だが日記をつけるときに、自分は日記の文章を書いているのだ、その他にも文章の世界があるのだということは、ときおり意識していいだろう。

一日の分量

ぼくはB5判のノートに日記をつける。細い罫線のある、横書きのもので、ちなみにいま使っているのは六八頁のもの。三二行あって、一行に三〇字から四〇字は書けるから、ノート全部を文字で埋めるとすると、四〇〇字詰原稿用紙二二〇枚くらいになる。ちょうどこの新書の一冊分である。一年間を、一冊のなかに入れる。ということは、ぼくは日記というかたちで、毎年、新書を一冊書いていることになる?

七、八年前までは、一年に二冊、あるいは三冊は消費した。それもきっかりではなく、好きなようにつけていくので年度をまたぐこともあった。一冊の半ばあたりから、新しい年に入ってしまうのである。これでは整理するときにやっかいなので、近年は「一年一冊」にしている。「一年一冊」にすると、ことばの量に注意するようになった。上に見える昨日のところをのぞき、文字が多い、長いと感じたときは今日を少なめにする。調整するのだ。また、頁がいっぱいになって、次の頁にかかるときは、なるべく次の頁に入らないように、その頁のなかにその一日をいれこむ。まとめるのである。ことばが少なくなるが、そういえば今日はこのくらいのものだったな、明日もあるしと納得もするのである。

「一年一冊」は当初はなかなかうまくいかなかった。一月、「おめでとう、新年もがんばるぞ」と気持ちよく、第一頁からスタートするのだが、ノートには「一月」「二月」の区切りがついていないので、ふと気がつくと、まだ七月なのにノートの三分の二を消費。残り頁が少ない。頭でっかちになったのだ。向こう見ずにつけていたせいだ。これではいけないと思い、秋風が吹くころから、毎日の記録を短くしていく。ことばも泣く泣く半分にする。あれもこれもではなく、あれだけにしようとなる。あれもよそうかとなる。肉をそぎ落とす。骨と皮だけになる。

あとから見ると、ごちゃごちゃと書いている上半期よりも、パラパラと書いている下半期のほうが見晴らしがいいので、ことばや行状のひとつひとつに、重みが感じられるように思う。いっぱい書いて実り多いかに見える上半期は、情熱だけで書いていたようにも思えてくる。これではいけない、と思う。「もう九月か。一年は早いなあ」というあたりから、人間が真剣になるのと同じことだろう。

今年は調整がうまくいった。というか、いきすぎた。今年はいろんなことがあるだろうからと最初から飛ばさないように、ひかえめにつけていったら、八月になってもノートの三分の一にしか届かない。ということはこのあと九月以降のぼくはこれまで以上にいろんなことをして日記を埋めなくてはならない。そのためにはギアを変えなくてはならない。とりあえず今日あたりからことばをふやしておこう、などと思う。元旦からはじまり除夜の鐘で終わる日記は、こうしてここ数年つづいている。でもこんな簡単なことも、やってみるとむずかしいものだ。

一日の長さ

一日の分量は、どのくらいがいいのだろうか。

作品の長さについては、ぼくは以前からおよそ次のような考えをもっている。四〇〇字詰原稿用紙で「何枚」というとき、次のようなことをこころがけるのだ。

一枚↓どう書いても、何も書けない。（週刊誌の一口書評など）
二枚↓何も書けないつもりで書くといいものが書ける。（新聞の書評など）
三枚↓一話しか入らないのですっきり。起承転結で書く。二枚半あたりで「疲れ」が出るので休憩をとる。（短いエッセイなど）
四枚↓一話ではもたないので、終わり近くにもうひとつ話を添える。（エッセイな

ど）

五枚↓読む気になった読者は、全文読む枚数。見開きで組まれることが多く、作品の内容が一望できるので、内容がなかったりしたら、はずかしい。原稿に内容があるときはぴったりだが、内容がないときは書かないほうがよい。「書くべきか、書かないか」が五枚。（雑誌の見開きエッセイなど）

六枚↓読者をひっぱるには、いくつかの転調と、何度かの休息が必要。（同前）

七枚↓短編小説のような長さである。ひとつの世界をつくるので、いくつかの視点が必要。（総合誌のエッセイ・論文など）

この七枚以上になると書くほうもつらいが読者もつらい。読者は読んだあとに「読まなければよかった」と思うことも多い。二、三枚のものなら、かける迷惑は知れているが、七枚ともなると「責任」が発生する、いわば社会的なものになるのである。これはたいへんなこと。七枚をこえて、たとえば一〇枚以上にもなると、読者は「飛ばし読み」をするから、意外に書くのは楽である。読者を意識しないほうが、むしろいいくらいだ。

というわけでぼくは文章というのは、人に見せるものとしては七枚あたりが限度だと思っている。それ以上長いものは人様に見せるものではない？　とも思うのである。日記はどうだろう。こちらは人に見せないものだから、何枚になろうと、何頁になろうと自由。ただ、そうとばかりもいえないのが日記のおもしろいところである。つけているうちに、あるまとまりをつけようとする意識が働くからである。

たとえば梅崎春生の青年時代の日記は、その日によってはひとつの文章になっているものが多い。『梅崎春生全集』第七巻(新潮社)に収められた、昭和八年(一八歳)一二月の二日間の日記(それぞれ約六〇〇字程度)の、冒頭と、末尾を見てみると。

(冒頭)　時には血管の中にうごめく血球の一つ一つがどっと声をあげて、――ユキコ、ゆき子、幸子と叫びながら沸騰して来るかと思われる。

(末尾)　そんな事も思い出となって風の様にうしろへうしろへと流れて行こうとして居るのだ。

(冒頭)　水脈《みお》を引いて出帆する帆船。やがて古びた長崎の港に、うちふるう神経のどらを打ち鳴らしながら、私の心は霧雨に濡れて居た。嵐の町。舗道を吹き払う風の様に、夜、激情をおさえかねて、私は幸子の白い顔を慕うのであった。
(末尾)　うちふるう神経のどら、運命的な恋慕のどらよ。そうして、長い長い、哀愁の水脈をはかない一すじに引き連ねながら。

水脈ではじまり、水脈で結ぶ。まとまりのある文章だと思う。円環のように、文章が閉じるのである。念のため、もう一日、見ておこう。

(冒頭)　昼寝。今日は西洋史が無かったので早く帰る。試験前、倦怠の一日である。
(末尾)　ああ今年もこんな風に暮れて行くのだ。

以上の三例には、明らかな特徴がある。日記の一日をひとつの完結した世界として提示しようという意志があることだ。性の悩みのすなおな告白がつづいたあと、結びはどれも、どこにでもあるような、ありふれたせりふで終わっている。風のように流れていくもの、今年もこんなふうに暮れていくもの。この感慨は誰のものであるのかというと、この青年だけのものではない。実はみんなそうなのだ。その「みんなそうなのだ」というところで、いまの自分を見ていく。そこに焦点があるといえるだろう。

この青年だけではない。ぼくの日記もだいたいこのように結ぶものである。これは文章の長さが引き出すものだと思う。短いものならばこうはならない。ある長さのなかに入っていくと、他人の視線が浮かんでくる。「読者」の顔がちらつくのである。「社会的」なものになるのである。誰もそこにはいないのに、読まれてもいいものにしようという気持ちになる。日記の文章は人にもよるが、おそらく三〇〇字あたりを過ぎたところから、文章を書くことになる。作品を書くことになるのだ。そこからの日記はそれを読めば誰でも了解できるような内容をもちはじめる。文章は結びに向かいながら、ひそかに転換する。その転換をもたらすのが「長さ」である。

神奈川の朝

人は何時に就寝し、朝は何時に起きるのか。睡眠時間は、何時間か。その人の日記が見えなくても、地域ごとにどうなのかは、ある程度推測できる。

『データでみる県勢2010年版』(財団法人矢野恒太記念会)は、各都道府県の統計年鑑だ。人口、面積から、産業、社会・文化、資源・エネルギー、金融・財政、運輸・通信・マスコミなどの状勢を最新の数字で示す。そのなかの「1日の生活時間の配分」表(二〇〇六年の調査)は、睡眠、家事、通勤・通学、休養、趣味、スポーツなどの時間配分を、男女(ともに一〇歳以上)別に調査。これを見れば、一日をどう過ごしているかがわかることになる。

たとえば、睡眠時間。多い順から挙げると、次のようになる。

男性は、8時間17分の山形が、トップ。東北は、全県8時間台だ。みちのくは、しっかり睡眠をとる。他には山梨、島根、高知、熊本、沖縄が8時間台。

少ないところをみると、東京と奈良の7時間41分、千葉の7時間38分、神奈川の7時間36分。神奈川がいちばん「眠らない」ことになる。ちなみに「通勤・通学時間」のトップは神奈川、千葉の57分(東京は51分)。神奈川、千葉から都内まで通う人たちは時間がかかるので、睡眠時間をへらす。最少は愛媛、高知の「四国勢」と山形の25分。山形は通勤・通学に時間をとらないので、ゆっくり眠るというかたちになる。

女性の睡眠時間も、7時間26分の神奈川が最少。その次に少ないのが、同じく首都圏の千葉で、7時間28分。男性と同じ理由だろう(女性の「通勤・通学時間」のトップは千葉、ついで埼玉、神奈川)。睡眠時間のもっとも多いのは秋田で、7時間58分。千葉の女性より秋田の女性は、三〇分も朝がおそい。こうして数字を見ていると、県民共通の「日記」を見ているような気持ちになる。

では、食事の時間の多いところはどうか。

男性は、秋田、東京、山梨、長野、高知の1時間41分がトップ。北海道、富山、三重、島根、山口、佐賀の1時間31分が最少。女性は、1時間49分の東京と山梨がトップ。1時間35分の北海道が最少。東京は人も多く、みなでよく集まる。おそくまで、店も開いている。食べる時間もふえるのだろう。男女ともに山梨も多いのは、土地柄なのだろうか。

食事の時間の全国平均は、男性1時間36分、女性1時間42分。女性は食事に時間をかける。

いっぽう睡眠時間の全国平均は、男性7時間49分、女性は7時間35分。つまり、女性は男性に比べて一四分間、睡眠時間が少ない。でも男性より六分間余計に、食事に時間をかけるので、それだけで多少は「挽回」ということになるのか。でも家事もあり、女性の負担は多い。ちなみに家事の時間(女性)のトップは奈良で、2時間53分。

全国平均より一九分も多く家事に時間をさく。どうして奈良がそうなのかはわからない。奈良の人なら「あれかな？　きっとあのことよ」と、理由を挙げられるかもしれない。ちなみに「日刊新聞発行部数と普及度」の頁を見ると、「1世帯あたり部数」(二〇〇八年)は、奈良の1・35部が、全国のトップ(全国平均は0・98部)。新聞と家事とに、しっかりつながっている奈良。興味をそそる。

というわけで、わからないこともあるにはあるが、これらの表を眺めてみると、殺風景と思われた数字が少しずつ色づいて、それぞれの地域に暮らす人たちの「日記」の文字が、ほのかに見えるように思う。

男の日記・女の日記

女性の日記を読んだことはないので、ぼくにはこの区別は見当もつかないし、また、区別をつけることはあまり意味がないかもしれない。でも目線は少しちがうのではなかろうか。日記のなかで女性について書くとき、ぼくはその「体」との距離や接触に注意を向けていることに気づいた。

並んで歩いた／うしろを歩いた／そばによった
彼女がふと○○をしたとき、○○が見えた／彼女は何も言わない
握手をした(手が少し冷たかった)／○○するのが同時だった
体がふれあった／あまりそばに来なかった
○○と言ったとき笑った／向こうを向いた／見送った／振り返った

などのことばが比較的多い。そういうところで相手の気持ちを読み、一喜一憂して過ごしているからだろう。すべての男性がそうではないだろうが、女性は男性にとってまず距離や触感から記録されるのだ。男の視線や関心は平面的なものなのである。それは女性に対するときばかりではない。どんなものを記録するときも、その表現は「何をした」「何を見た」というように過去形に傾く。過去へおさめることで少しでも早く日記の外側に出ようとするのだ。男は弱虫。内部を見つめることを避けたいのである。

それに対し女性は内面的な光景をたいせつにしているはずである。彼女たちは日記の内側に入っていく。

小さな赤い花が咲いている／小鳥がないている
きれいだと思う／あ、これはツユクサ(目でスケッチ)
あ、これはなになに草(詳しく)／ここにいつまでもじっとしていたい
こんな日常はどこから与えられたのだろう／どうして私は
ここにいるのだろう／木が枯れている／一軒の家が見える
どこからか水の音が聞こえる

というように(ほんとかな?)、どちらかといえば、その目や心に映ったものをいきなり過去にすることをためらい、むしろそのひとときに身をゆだねる書き方が基本になるのではなかろうか。現在形の言い回しや、現在の気分を表現することばが多くなる。だから「見た」だの「さわった」だののというようなあらくれたことば、あからさまなことばは、とりのぞかれる。よく水辺などで女性がひとりになってノートをひろげていたり絵をかいていたりする。旅先で、親しい女友だちからも離れて、絵はがきなどをかいていたりもする。女性は遠くに来てしまうとそういうことをよくするので

ある。いまというひとときに深く身をしみこませているのだ。これはあまり男にはない。「おれ、あれ見てきたよ。君、見たの?」などと、男は野蛮なことばで、その静寂に割って入る。こまったものだ。

男性は物や人に対する身体的距離を測り、結果を記す。女性はどういうわけでこうなったのか、それがひきおこされた理由や背景をめぐりながら、世界を深めていく。個人差もあろうが、一般的にはそんなちがいがあるかと思う。

手法こそ異なるが、どちらも日記のなかで自分を守ることになるだろう。せっかくつけるのだ。一日を復習することで、元気をつけたい。暗くなりたくはない。自分を愛していることに変わりはないのである。

ひとりの「宝」

日記のなかで、ある人の名前を、つけたくないことがある。つけたとしても、Sとか、Dとかにする。あるいは「Sさん、Fさん出席。Dも」などと呼び捨てにして、つけたりする。つけながら、いやな人、などと思う。

反対に、うれしいことなのに、秘密にしたいので(日記をもし見られたら困るので)

記号や暗号みたいなものをつかうことがある。誰の日記にも、秘密の記号は、ひとつふたつはあるはずだ。

山田美妙が若いときにつけていた日記が残されている。それは公表などできない、正真正銘の私的な日記だが、関係者もみな亡くなったところで公開された。明治二四年九月から翌二五年七月、二三歳から二四歳のときのもので『明治の文学第10巻　山田美妙』(坪内祐三、嵐山光三郎編、筑摩書房)に収められている。

すでに山田美妙は文壇の寵児だった。独身だが、お金もあるし、遊びも好き。一一歳年上の愛人石井とめ(日記では、留)に一軒家をもたせ、そこへ毎日のようにでかけた。明治二四年九月一日は「夜九時より行く、此日二百十日にて好天気人心かなり浮立つ」などとある。とめのもとに出かけた時刻、行った店、買い物、車代などがこまかく記されている。たとえば、こんなふう(ルビの一部を省略)。

●五日—水天宮行約束但し行かず、夕七時行、前川へ行く、うなぎ酒飯茶代共一円廿銭、ラムネ五銭、車十一銭、〆一円卅六銭、宝一

●十七日―仲秋陰晴《いんせい》、車十一銭、後六時半行、彼既に待つ、冷酒、彼夕食、宝一

●十九日―前日雨行かず、点燈終宵《よすがら》待ちしよし、宝二、車十銭

●廿一日―雨、後六時行、林檎廿四銭、石榴《ざくろ》三銭、車十銭、宝一

一日の分量はこんなもの。短い。そっけない。心おぼえにつけたものだから、こんなものだろう。今日から見て意味のわからないものもあるが、当時の人が見てもなんのことやら不明のものもある。

さて、主に末尾に「宝一」ということばが見えるが、「宝二」もある。これは、とめとの性交とその回数を示すものだろう。

この他に「宝一、二を試みて不」(一〇月三〇日)もある。二回目に挑んだが果たせなかったようだ。「宝一但不(昼宅にて自宝)」(一〇月一〇日)は、できなかったが、昼自宅で自分ですませたせいの意か。形容をそえるものもある。「宝一大美」「宝一大妙」「宝一至妙」などは満足度を示すものらしい。「宝二、一は逆」(一〇月三日)は体位か。

「熟睡無宝」(一〇月一四日)は文字通りの意味だろう。

明治二四年九月から、一二月までの四カ月の愛の日を、日記の記述から数えてみると、九月は二二回、一〇月は二〇回、一一月は一六回、一二月は一五回はあるから、二人の関係は熱いことがわかる。

一一月を過ぎたらあたりから、とめとはちがう新しい相手が加わりはじめる。投稿雑誌「以良都女《いらつめ》」で知り合った若い女性二人である。一人は平山静子(まもなく別れる)、もう一人はのちに美妙と結婚する小説家田沢錦子(のちに稲舟。美妙と別れたあと二一歳で病死)。錦子と親しくなってからも、とめとの関係はつづいた。その同時進行のもようは、簡潔な語句からもうかがえる。

(一二月)

●廿二日—錦子九段、宝大抵、九時九段和田金うなぎ一円卅五銭、車八銭、カメオ五銭、公園内の穴に陥る〆一円四十八銭

「宝大抵」の「大抵」とは、おおよそ、だいたいという意味だが、辞書によると、

ちょうどよいという意味もある。山田美妙はこの時期、『日本大辞書』という当時としては新しい国語辞書の編纂作業にあたっていたことばの職人でもあるから「大抵」もそれなりの意味があるのだろう。ともかくこの日は、公園内の穴に落ちたそうである。

翌二五年一月一一日は「夜錦子と上野車七銭、すり鉢山にて宝」と、野外？の「宝」も記録。その日の末尾に「無宝」とある。この「無宝」の相手は、とめだろう。山田美妙は女性にはもてたらしいが、一度はいいが二、三度は会いたくないと文士たちにもいわれるほど気むずかしい人だった。親しい友だちもいなかった。言文一致体の創始者として日本文学史に名を刻んだものの、女性問題もあって、二〇代後半で活動は停止した。周囲の人間にも見捨てられ四二歳でさびしく死ぬ。

この若き日の「宝」の記録も、こうしてみると彼ひとりだけが日記のなかにいるようで、日記としてはさびしい。いかに私的な書き付けとはいいながら、ことばが少ない。描写もほとんどない。

自分だけがわかることばというものは、あまり意味がないもの、はかないものなのかもしれないと思う。日記は、どんなにことばが少なくても、それを見た人が、何かをいっしょに感じあえるようなところをもつべきなのかもしれない。

記号のない世界

日記のなかで、読んだ本や、雑誌の名前を記すとき、どのようにするのだろうか。野坂昭如『妄想老人日記』(中公文庫)の一節。

雨やや本降り、ドアのところで背の高い三十前後の女に声をかけられる。喫茶室でしゃべるうち、彼女、「砂の上の植物群」「夕暮まで」をわが作品と勘違いしていると判る。

このように作品名や誌名などは、「　」をつけるのが通例。書名には『　』(二重かぎ)をつけて、作品などと区別することも多い。こうしておくと、あとの時代の人には、それが作品か書名かの区別がつく。公表の場合は、とくにそうなる。

昭和のはじめ頃は、どうか。

『田畑修一郎全集』第三巻(冬夏書房)は、田畑修一郎(一九〇三―一九四三)の日記を

収録。昭和一四年から一八年まで「文芸手帖」などにつけられた。なかみはメモに近い。生前は未発表。全集刊行のとき田畑家から提供されたものだ。昭和一四年(ほぼ毎日つけている)から、書名、作品名が含まれた日の一部を引用。一部、新字で。

一月十六日(日)
文體の二十枚、と新潮の五枚をかく。夕方疲労し、湯に行く。

二月二十六日(日)
宇野氏の(枯木のある風景)について書きはじむ。

三月四日(土)
赤松谷にかゝる。夜仕上る。七十九枚。

三月二十日(月)
高間房一を少し書く。夜新宿に出て、劉氏に電話せしも留守。

六月十日(土)
晴、暑し。午後、チボー家の人々三巻を古本屋にて求む。夜までに読了。

十二月十五日(金)
晴。一日中家に坐る。山崎の煙霞浪漫をよむ。長篇にかゝらんと思ふ。

いずれも、一日一行程度の、簡素な記述だ。

さて「文體」「新潮」は雑誌だが、括弧をつけていない。作品は、どうか。宇野浩二の「枯木のある風景」は( )だが、自作は「赤松谷」も「高間房一」(長編「醫師高間房一氏」のこと)も括弧がなく、はだかのままだ。『チボー家の人々』、山崎剛平の短編集『煙霞浪漫』(昭和一四年一一月、砂子屋書房)の書名にも、何もつけない。自分のための記録だから、きのみきのまま。では随筆や評論を発表するときはどうか。同巻収録の随筆、評論を読むと、作品も、書籍も「 」をつけているが、『 』は見当たらない(ただし引用を示す「 」のなかの二重かぎなどはある)。多少、記号を意識するという程度なのだ。

もっと以前は、記号がなかった。

樋口一葉の日記「水の上」(『日本の文学』第五巻、中央公論社)に、「文芸倶楽部《ぶんげいくらぶ》のかたへ出《い》だされといふに、家に帰りてかたれば、そはいとよし、このみそかのしのぎをつけんほどに、甲陽新報《こうようしんぽう》にのせおきし経机《きょうづくえ》はいかにとて人々うながせば、さらばとて、いささか色をそえなどす」とあるが、「文芸倶楽部」も「甲陽新報」も、括弧はない。「経机」は一葉の作品名だが、これにも括弧がないので、現代の人にはわかりづらい。

同じく一葉の他の日記(「水のうえ」)には、こんな一節も。


にごりえよりつづきて十三夜、わかれ道、さしたることなきをば、かく取り沙汰しぬれば、われはただ浅ましゅうて物だにいいがたかり。

このなかには、一葉の作品「にごりえ」「十三夜」「わかれ道」が入れられているのはいうまでもない。これが当時の文章だった。公表するときも、そうでないときも、これが自然なかたちだった。明治四〇年に書かれた二葉亭四迷「平凡」(『日本文學全集』第一巻、新潮社)では、「クロイツエル、ソナタの跋《ばつ》に」「まだファウストを読まぬ時」というように作品名も括弧のつかないまま出てくる。よみとりにくい。でも記号をつけると、文章の流れがとまる。日記でも同様だろう。源氏物語、枕草子、徒然草などあまりに知られた古典には原則として括弧をつけない。そんなこともあり、記号はあまり使われなかった。

ひところまでは、何もなかったのだ。文章はまっすぐに、どこまでも伸びていたのだ。「赤松谷」ではなくて、赤松谷なのだ。何もないほうが、日記らしいともいえる。いまも、何もつけない人がいることだろう。

文体

昭和一〇年代に「練習車」「なわとび」(『水仙』新宿書房)などのすがすがしい名品を発表した北海道生まれの作家、長見義三《おさみぎぞう》は、昭和一七年の秋から一カ月間、色丹島(現在の「北方領土」)に滞在し、日記をつけた。『色丹島記』(新宿書房)である。その島に住んでいたクリル人が絶滅したといわれるが、それを確かめようという旅だった。彼は島に渡ると、その自然や風化する遺跡、島民たちの暮らしを淡々とことばでスケッチしていく。九月一九日は、駅舎の裏でつくっている野菜をメモする。

夏大根……これは花が咲いて、二寸ほどの太さになっている。

キャベツ……蒔きはじめたばかりであるが、虫もつかず、色もぐっと鮮やかである。多分、出来はよかろう。

タイナ……花が咲いている。すでに終わったもの。

白菜……いま中くらいになり、必ず食事ごとにつく。根室からはいったカボチャとともに。

えんどう……これも実って、終わっている。

馬鈴薯……すでに葉が枯れている。

カボチャ……花ざかり。十一月にならぬと実がならぬという。

グズベリ……実がうれている。

ねぎ、ささげ、かぶ。

花畑は菜園の端にある。

このあと「花の種類」がつづき、ダリヤは「二尺くらい。花つきはよいが、高山植物風に短い」とか、桜草(プリムローズ)は「花芯はダリヤ以上の高さである。もっとも、花は過ぎたが、実はなっている。この地に適しているようだ」などとある。植物を「花」と「実」のようすにしぼって観察するなど、目線も一定。また、ただのメモなのに、そこにはひとつの文体が感じられる。

それはこうしたメモだけではなく、日記の文章においても変わらない。個性を匂わせるものになるのだ。一日一日の分量は、長め。長いものは四〇〇字で一〇枚を超えるものもある。その一部を見てみよう。傍線はぼくが付けた。

過ぎゆくと、意外なほど急に、シャコタンの家々が下に見えた。この道は、私が信じていたように、碑のそばに出るものであった。碑の前に立ち止まった。「我父・家□・□宅」と上に書き、その下に、たくさんの名が並んでいるのである。

私はまた、碑の面に手をかけて、片仮名の名を読んでみた。今日写した中にもない、遠い彼らの親たちの名である。

（九月二十六日）

真下に学校らしいものが見えた。坂の左は、見えないほど急である。そこへ、弁当らしいものを腰の上にまいた女の子があがってきた。私は小声で呼ばった。やはり、てるてる坊主をくり返していた。

するとそ、の連れが現われ、多分、女子青年と思われる四、五人の娘がのぼってきた。私はうごかずに、そこに立っていた。美しい風景は、その中にはいってしまうとわからなくなるからである。

（一〇月四日）

左手の□□□□ところに、一軒漁家がある。私はこの砂丘に、穴居跡を探す。貝塚以来、私はそういう□□□墓掘り人になってしまったらしい。

（一〇月一四日）

島には当時電気はない。石油もロウソクも不足しており、彼は貴重なロウソクの明かりで、あるいは宿の窓辺で月の光をたよりに日記をつけた。ときには暗闇で書いた。あわてていたり光が足りないので、いまでは判読できない文字もある（彼はその四三年後、七七歳のとき、この日記の解読をはじめたがそれでも読み解けないところが残った)。

ぼくはこの日記を読みながら、普通の日記とは何かがちがうなと思った。

まず傍線を引いた部分は、普通の日記なら、もっと粗略になるだろうと思われるところである。

「出るものであった」は「出る」でいいし「並んでいるのである」は「並ぶ」でいいし「親たちの名である」は「親たちの名」で十分。「見えないほど急である」も「見えないほど急だ」くらいですませられる。

この色丹島での日記はゆくゆくは小説のかたちで発表したかったのだろうと想像される。そのために、そのときのための文章が、日記のなかですでに用意されているのである。つまりこの日記は文体を意識しているのだ。「美しい風景は、その中にはいってしまうとわからなくなるからである」も、そのひとつと見ることができるが、彼はそう思い、そう書きつけたのである。作品を意識したように見えるのに、たくらみが感じられない。その文章は、きれいな印象を与える。

いまもうひとつ、気づいた。気づくのが遅かったかもしれないが、とても単純なことである。それはこの日記には「私は」ということばがあることである。

日記は、すべて自分のことだから、特別なときを除けば「私は」も「私が」も不要である。「私」という主語から解放される世界なのだが、ここでは「私」が登場する。これも作品を想定してのことであろうが、「私は」「私が」と書くことで、新しい未知の世界を歩く自分の姿を、ことばの上でもたしかめたかったのだろう。「私」を静かにひびかせながら旅はつづき、日記もつづいた。

4 日記からはじまる

『夜の靴』初版表紙

日記は、日記では終わらない。そこからいろんなものが、生まれるからである。エッセイや、詩になる。俳句にも、歌にもなる。小説になることもある。日記は、ときに作品へと向かう。自己表現への道に、つながっているのだ。つながるまでのプロセスも、おもしろい。ブログについても考えてみたい。

まず、つけてみる

日記はどんなふうに書いてもOKだ。ちょっと書いて気にいらなかったら、ちがうものを書けばよい。書き直しもできる。追加、訂正もできる。まちがった字だって、どんどん書ける。どこからも文句は来ない。おとがめもない。「正しい日本語」にしばられる必要はないのだ。

汚れていても、濁っていても、荒れていても、ことばがあればそれでいい。日記は自由の世界である。

なれないうちは、かたちにこだわらないことだと思う。よく元旦からつけるという人がいるが、だいだい途中でしおれてしまう。「今年は、今年こそは」とばかり思っているので、力がはいってしまうのだ。

はじめてつける人は、二月一七日とか、六月二日とか、いつでもいいが、なんでこんな日からスタートするの？　と思われるくらいの日でもいい。途中からというのは気持ちが悪いように思うが、そのほうがリラックスしてつづくものである。曜日も、日曜や月曜よりも水曜、金曜からとかがいいかもしれない。これも同じ理由である。

最初のうちは、こまかくつけるつもりで、文字が小さい。そのうちに、「また日記か」などと思い、だんだんてあらになる。文字も大きくなる。そのうちに、日記帳なり大学ノートの誌面がだらけてきて、「もうやめようか」ということになる。だからはじめは、少しあらっぽい字で書きはじめ、そのうちに細かい字にしていくと、「これはつづけよう」という気持ちになれるかもしれない。

「□□へ行った」「○○をした」というのが日記の基本的文体だ。また印象や感情をあらわすときは、「△△だった」「××と思った」のようになる。

日記は、リラックスしている状態で書くので「とても楽しかった」「たいへんおいしかった」などがどうしても多くなる。どんなふうに楽しかったか、おいしかったかを書く必要はない。気持ちさえあらわれれば厳密でなくていい。おおざっぱでいい。そのほうが書いているときの疲れがとれるのである。無理をして表現を工夫したりしたら日記をつけることで疲れてしまう。最初はおおざっぱにつけていくことだと思う。

人間は疲れると、文章のなかに「とても」とか「たいへん」とか「非常に」とか「いちばん」とか「ものすごく」などが多くなるのである。ぼくなども、疲れたときの原稿は、あとから一目でわかる。「とても」系統がどんどん飛び出すのである。「とてもすばらしい文章だ」とか「深い感動をおぼえた」などになる。それは疲れていたり、寝不足で頭が回らないときだ。コンディションが悪いときである。なんとか早く切り上げたいので、はっきりしたことばを使ってしまうのだ。そんなときの文章はまず、いいものにならない。きめの粗いものになり、説得力がない。

日記をつけるときも、仕事のあととか、寝る前とかが多い。「きちんとつけたい」という気持ちと、「早く切り上げたい」という気持ちの両方が点滅し、そのせめぎあいのなかでやはり簡単な表現を採用してしまう。「とても」系が幅をきかすのである。だが、それはコンディションを考えると、それこそとても自然なことなのだ。

日記をつけることで、疲れてしまってはなんにもならない。「とても」でも「たいへん」でもいい。つけていることがそのときの負担にならないようなことばがいいだろう。

寝る前のほんの二、三分。ぼくは日記をつける。今日は何をしたかと振り返る。その日の原稿を書き上げないうちは決して眠らないし、また眠れないたちなので、この一〇年ほどは夜が明けてから眠ることが多くなったが、仕事が終わって日記に向かうときのうれしさはない。

「終わった。さあ日記だ！」というときは、とてもうれしいものである。

夕立の二人

少しなれてくると、こまかいことまで、つけるようになる。それがまた楽しくなる。前の章でもふれた高見順の日記には、いろんなものが貼りつけてある。新聞記事はもとより、映画、芝居、講演、会合のプログラムや案内状、食べものや生活用品の値段表、航空ダイヤなど。キャラメルの箱や、おみくじもある。当時の暮らしや風俗がよくわかる。またスケッチもじょうずなので、楽しい。

ぼくもまた、ぺたぺたをする。店のレシート、店主の名刺、旅館・ホテルの地図、割箸のつつみ、マッチのラベルなど、ぺたぺた。外国へ行くときは、特にそう。ひとつの店に入って出るまでの間に、いろんなものを見つけ、もらい、よろこぶ。また、好きな人が残したちょっとしたメモ、プレゼントをもらったときの包み紙まで、貼りつける。

こまかいこともつける。特に地名などは、できるかぎりつけている。旅行のときは乗った電車(何時何分)も書きそえる。「デート」のときなどはこまかい。ああだこうだ記すよりも、時刻の経過を書いておくと、あとからそのときの心のようす、関係の深さが浮かぶのだ。ふふふ。

他人の会話も、つけておく。今日のぼくの日記は、他人の会話が中心である。それはこんなふうなものだった。

＊

八月二四日(金曜日)

のろのろ台風一過。東京は晴れて、むしあつい。午後三時半起きる。(平日は四時を回るとクリームドーナツがなくなるので)あわててミニバイクにまたがり、西武線久米川駅南口改札横の焼きたてパンとコーヒーの店Pまで。ねぼけまなこでひた走る。

クリームドーナツは二つ残っていた。ぱくつく。

椅子席でふと壁をみると、「P店ニュースNo・2」。え、こんなのあったのか。薄クリーム色にエンジの色で記してある。「焼きたてパンのご予約ができます」と。え、予約もできるんだ。「新商品」としてクリームペンネ、ショコラワッサン、パイシュー(モカカスタード)、そして夕張メロンロール。そうか。

店というものは、いっぷう変わったお客さんというものがやって来るもの。勘定のときにたいへんむずかしい状況になったり(お札でいったん買って、あとから買い直して、つり銭のうけとり方が混乱するなど)、「わたしね、これはね、好きだから、ここに入れてほしいの、ここに」と、買ったパンをどこに入れるかでわかりにくいことを言う人、とか、それはもうもろもろ。

そんなときもここで働く若い女性たちの対応に淀みはない。若い人にもお年寄りにも親切で、ていねいで、ことばのひとつひとつが心地よい。ぼくが女の子だったら、ここで働きたいな。そんなこともあって、ぼくはP。

てなことを思っていると、急にどしゃぶりになった。ものすごい夕立である。駅の改札を出た人たちがそのまま、一人二人と入ってくる。しばしコーヒーでもというわけだ。いつもいっぱいなのに、さらにいっぱいになった。

日本時間、四時五五分のことだった。ぼくの隣りの席には、気がつかなかったが、三〇は過ぎたと思える男性(すぐ隣りなので声しかわからなかった)がいたようだ。その男性の前の席に、二〇秒ほど遅れて、一人の女性がすわった(あとで見たら三〇代の主婦)。それぞれトレーを置いて、アイスコーヒーをのみはじめた。すると男性が「すごい夕立ですね」と、女性に言った。ぼくはこのことばで二人は連れなのだと思ったが、念のためトレーを見ると、それぞれにアイスコーヒーのレシートが見えた。二人はこの場ではじめて会ったのだとわかった。店が混んできたので、相席になったのである。二人は向かい合いながら、話しはじめた。

男「急な雨で」
女「ええ。つい、さっきまでは降るようには思えなかったのに」
男「突然ですね。これはすごい」(と窓の外を見る)
女「こんな日だから傘はもってこないし」
男「仕事でフィリピンへ行ったとき、あそこはいつものことでね。晴れていても突然ですよ、でもみんな平気。なれてるんでしょうね」

二人の会話はまるで知り合いのように、なめらかにつづく。ぼくはこの会話にみとれた。男性は次に「世界の気温が二度ほど上がっている」というと、女性は地球温暖化の話を承けて、「水面が高くなると、島なんか、どうするんでしょう」。男性は「ジャッキで上げるわけにもいかないし」と笑う。

男「ぼくは西東京市に住んでるんですが、昔はここらは畑だった。何もなかったですよね」

女「私、この間まで社宅にいて、新狭山にいたんです」

男「あ、あのへんは茶畑が」

女「ええ、いっぱい」

男「(窓の外を見て)小降りになりましたね。タバコ吸っていいですか。(ひとりごと風に)一本吸ったころにはやむでしょう」

二人は五時一〇分には、会釈して別れたから、正味一五分の対話だった。女性は赤いジャケット、グレー系のスカート、きれいな落ち着いた女性である。九段の会社からの帰りとか。男性は清瀬にオフィスがあり、これから駅近くの友人を訪ねるところだという。

たった一五分だったが、二人のなめらかな対話に感心した。三〇代というのは、こういうときになかなかことばが出ないものである。ぼくなどは五〇にもなったというのに、その場で会った人と、このように親密な会話はとてもできない。また三〇代の女性が相手だと、男の意識があって、こんなことはできない。女性の対応も自然だった。「突然雨が降ってきて、入った喫茶店でたまたま相席になった男女」の対話としては、深くならず、浅くもない、理想の内容だった。この二人は、こういうときの会話が自然にできる人たちだったのである。この日のために生まれた人たちだと思われるほど、ぼくにはまぶしい人たちに見えたのだ。

男の人は、駅のほうに歩いていった。女の人は、それからパンを買っていた。そのうちに見えなくなった。ぼくはそれから店を出た。雨は止んでいた。

＊

……以上が、ぼくの今日の日記である。こんな会話もつけておくのだ。ぼくの一日は、パンを食べただけではなかった、とつけておく。

疑うと、ことばがふえる

あの人は、どう思っているのか。何をしているのだろう。疑惑や不安をおぼえると、日記のことばは、ふえていく。疑惑や不安のために、日記をつけはじめることもある。

三島由紀夫の長編「お嬢さん」(『決定版 三島由紀夫全集』第八巻、新潮社)のヒロインもそのひとり。世田谷の成城のお嬢さんかすみは、景一と結婚。ある日、夫のようすに異変を感じた。そこで日記をつけることにした。

かすみは、毎日毎日の疑惑を書きつらねてその軌跡を辿《たど》れば、いつかパズルのやうに、真相がはつきりつかめるだらうと思つてゐた。小さな点も書き落してはならない。それをつなぐと、どんな重要な絵柄がうかび上るかもしれないのだ。

さて、それはどんなものになるのだろう。かすみの日記の「十二月×日」の冒頭を引いておこう。

曇。風が寒い。
今朝、会社へ出るとき、景ちゃんが身仕度をするのを見てゐたら、洋服箪笥《だんす》の鏡に向つてネクタイを締めながら、ニヤッと笑つた。明らかに、私が見てゐるのには気がついてゐない笑ひだつた。私はそれを見て、すぐ目を外《そら》したけれど、あとまでもイヤな気持が残つた。あれこそはあの人が、全然私を除外した場所で見せてゐる幸福な表情だつた。きつとけふも浅子か、それとも別の新らしい女と会ふにちがひない。

案の定、「果して景ちゃんの帰宅は遅かつた」のだそうである。こうして、日記は「毎日こんな憂鬱な記事に充ち、しかも日ましに長くなつて行つた」。
これでもわかるように、疑惑によってことばはふえていく。ひとつは、どんどん内向していくために、ことばがどんどん出てくるのだ。からからになるまで、出てくる。

もうひとつは、疑惑を疑惑たらしめるためには、相手が述べたことや状況をつぶさに書いていかなくてはならない。ひととおりでも書いていかなくては、こちらの見解も成立しないからである。その「引用」でまた、文章がふえるのである。この「引用」という非常な努力をするために、日記はどんどん長くなっていく。それでしあわせになれば、いいのだけれど。

ひとりの島

中勘助の「島守」(『犬 他一篇』岩波文庫)は日記体の小品である。彼は、明治四四年(二六歳)、信州野尻湖に浮かぶ離れ島(弁天島)にこもったことがある。そのときのことを書いたのである。

「これは芙蓉《ふよう》の花の形をしているという湖のそのひとつの花びらのなかにある住む人もない小島である」。湖畔の村の「本陣」と呼ばれる人に頼んだ舟で、島へ渡った。そこで一カ月ばかりを過ごす。九月二三日の日記。

本陣はそとから板屑を拾ってきて焚きつけをこしらえ、米はこのくらいに、水はこれくらいに、火はこうして　と懇《ねんごろ》に教えながら昼飯の支度をして、やがて飯ができたのでちょこなんと畏《かしこま》って給仕をしてくれる。それから南の浜へおりて器を洗うなどひととおり用事をすませたのち

「ごはんが残ったらおじやにしておあがりなさい」

といって帰っていった。あとに残って私は　これでいよいよ独りになった　と思った。

読点がないところがあるが、これは原文のままである。彼はこうして島での暮らしをはじめた。住まいは、年に一度の祭礼でやってくる神官のための宿泊所。雨つゆをしのぐだけのものである。

文字通り、島守になった「私」の一日とはどのようなものか。

朝目覚めると、南の浜に顔を洗いにいく。戻っては、木屑をそろえて火を起こす。土瓶をかけ、餅を焼いたり、島で落とした栗を食べる。そして読書と日記。三時半には夕食の支度。食べたら、かたづけ。火を消して、鳥居に向かう。お宮までの長い道は「落葉をひろったり、歌をうたったり、木の根をまたいだり、石段をあがったりお

りたり」。暮れてくると、燈明をともす。「湖の彼方にこの光を望む村の人たちは島守がきょうの一日の無事であったことを知らせるための燈火とばかり眺めるであろう」(同二五日)。ほんと、向こう岸の本陣さんも案じているかもしれない。

同二七日、二八日の日記の一節。

夕。桟橋に立っているとき北の岡の峡《はざま》から霧が吹き出してきたので今に島を包むかと思って眺めてたが徐《ゆる》やかに湖をわたり東の山にそうていってしまった。秋になって霧が急にすくなくなった。燈明をつけてもどってみればもう鼠の音がしている。ゆうべは餅のかわりに一摑《つか》みの米を供えておいたら床につくまもなくぱちぱちと内証らしくたべる音がした。今夜ははぜもろこしをささげよう。

俄《にわか》に雨の音。

夜半。恐しい風の音に呼びさまされた。いま人びとはみな眠って私ひとり覚めてるのであろう。私はこの島の嵐のなかにただひとりなることを思い幸《さいわい》にみちて眠りに入った。

ときどき本陣さんが、柴栗、しめじ(きのこ)、玉菜、里芋、茄子、そば粉の饅頭、味噌、鰹節などの食べものをもってきてくれる。「餅は焼いてばかりたべずに雑煮にするがいい」なんて言い残して。あと、鉈、鋸、豆板などももってくる。

まるで都会にひとり暮らしをはじめた男の子を心配して、国からお父さんお母さんがやってくるような感じだ。本陣という人がいることで、この日記はちいさな窓をつけているのだ。本陣さんは、人間がひとりで生きていくための窓なのだ。たったひとりになったとき、ぼくらの前にも本陣さんは現れるのかもしれない。

本陣さんが現れると、このときばかりは外光が入り、パートカラーになる。また夜、夢をひとつふたつ見る。あとはモノクローム。何ひとつ起きなくても、一日というものは、このような自然のなかに置かれてみれば、なんと豊かなものなのだろうとも思う。「私」の吐息のひとつひとつが聞こえる。「夕。栗を落す」と書かれているだけでも、その音は声となって読者の胸にひびく。

さて一〇月になる。帰りの日の前日(一六日)、雨のなかを桟橋に行く。

鳥もみんな帰った。稲刈りの人も見えなくなって霧がそのまま闇になってゆく。きょうは両方の燈明をともし、また桟橋に立って水にうつる火影が「し」の字や「く」の字になるのを眺めている。

そしていよいよ、島を離れる日がやってくる。島での最後の日記の一節。

恐しい白根颪がふく。朝早く本陣が荷造りにきて一つ一つ舟へ運びおろす。きょうは風が強いから舟を小島が崎の入江につないできたという。鳥居のところへおり汀の杭につないだ舟にのって後の掃除をしてる本陣を待つ。島の木は咆《ほ》えに咆え、日光に溢《あふ》れた雲が奔馬のように飛んでゆく。

このあと湖畔に着いて、この作品は終わる。ただ時間が流れたということしか伝えないほどにそのつくりは簡素だが、とてもこまやかな印象を与える。桟橋から湖畔を見つめたり、本陣を待つところなども、ひとりの人間がそこにいるということがとてもわかるように書かれている。

物でもない、心でもない。そのときどきの人の位置とでもいいたいものが鮮やかに見える。それはきっと人間にとって根本のものなのだ。物よりも心よりもゆたかなものにふれた気持ちになるのはそのためだろう。

小説へ

横光利一晩年の名作「夜の靴」(『夜の靴・微笑』講談社文芸文庫)は、日記体の小説である。かなり精細な記録であるから、おそらく横光は日記をつけて、それをもとに書いたのだろう。

昭和二〇年八月、山形の村に疎開した彼は、一二月までの四カ月あまり、村の一軒の離れを借りて、家族とともに暮らした。そこで敗戦の日を迎える。彼にとって農村を「体験」するのははじめてのことだった。彼は村の人たちのようすをこまやかに記載する。まずは部屋を貸してくれた参右衛門の妻、清江のようす。彼女は一日じゅう休む暇もなく働いている。あんまり働くので、「私」は心配になる。

「少し遊びなさいよ。」

と私は冗談を云って茶を出すことがあるが、茶は嫌いだと清江はいう。農家のものの働きに今さら感心することが、おかしいことだと人はいう。定ったことだからだ。しかし、定ったことに感心し直さないようなら定ったことは腐る。よく働くことを当然だと思う心が非常な残酷心だと思い直さねば、生というものは感じることは出来ない。

この「夜の靴」は、このようにふとかきとめられた感想にも真理があり、味わいがある。

彼はまた、こんなことも書く。都会からやってきて、このたいへんなときに(敗戦後で、米もなくなりかけていた)何も働かないで農村のことをあれこれいうのはおかしいというが、そんなことはない、「傍観の徳」というものが必ずやそこにはあると。

(……)人の労働する真ん中で、一人遊んでいる心というものは、誰からも攻撃せられるにちがいない立場であるだけに、少しでも味方を得たいものである。いったい、誰を味方に引き入れれば良いのであろうと考えると、やはり自分よりないものだ。

これも真理であると思う。ここにいう「自分」こそがこの日記をもたらしたのだろう。彼は村人たちと深くまじわった。文士であることは隠した。庶民の一人となって窮乏生活に耐えた。農村の人たちへの愛情と尊敬の念はここかしこにうかがえる。たくさんの村人が出てくるが、いずれもていねいに、また正確に描かれている。村にとっても読む人にとっても忘れられない作品であると思う。

ぼくは「夜の靴」の村がいま、どんなふうになっているのか知りたくて、五〇年後の村を訪ねた。

前夜までに何度も何度も「夜の靴」を読み、村人たちの名前や、家の位置まで頭に入れて、村に入った。すると、こんなに時間がたっているのに、本家、分家、お寺などみな残っているではないか。横光一家が身を寄せた家も、同じ場所にあった。その庭の池も残っていた。「夜の靴」に登場した多くの人は亡くなっていたが、何人か(モデルになった娘さんたち)は、ずいぶんお年をめしたが、お元気で、会うことができた。ぼくはその旅行のことを、日記体の文章で書いた(『夜のある町で』みすず書房、一九九八年)。

「島守」も「夜の靴」も、日記と結びついている。誰もの日記が、こんなふうに、そのまま作品になるというわけにはいかない。だがそれを読んで、感動して、その感動した心のなかを歩いていけば、読む人のなかにも日記が生まれるだろう。つけた人のあとをたどって、つける。そういう道もある。

詩へ

横光利一「夜の靴」の清江さんは、働き詰めで、「自分の髪を梳《す》くのは夜中の三時半ごろ」とあった。それでぼくは思い出した。同じ山形の農村の生まれで、東京へ出てからも農民組織の運動にもかかわり、『不安と遊撃』『彼岸と主体』などラジカルな詩集や詩論を発表しつづけた、黒田喜夫《きお》の「髪」という詩だ。日本ペンクラブ編『愛の詩集　ことばよ花咲け』(大岡信選、集英社文庫)のなかにある。

「髪」

冬に近い頃だ

日が暮れてからだ
髪を梳《す》いていた
くろくて　流れるようで
あの人も夜も見えなかった
闇《やみ》といっしょなのだな　と思った
だが梳いているのだな　と思った

短いのに、印象に残る詩である。ある日の夜、作者は見たのである。女性が髪を梳いている姿を。「あの人」と作者の関係はわからない。ともかく髪を梳いているのだ。これは、日記のようなものだろうと思う。だからといって、日記につけたことをそのまま詩にしたわけではないだろう。

詩と日記の関係は少しわかりづらい。なぜなら、詩は散文のように、周辺を書くことができない。穴ぼこをつくって、それから水をためるという書き方ではない。むしろ最初から水たまりがあるというようなものだ。一発勝負である。そのためには、ことばのひとつひとつに、あらかじめ影がなくてはならないことになる。その影をつくるのはその人の普段の世界観のようなものであり、その影が、数少ないことばを通って一挙に流れ出る。この「髪」もそういうものだろう。髪にも、夜にも、「と思った」というところにも影がついている。

だから詩を見て、その詩のきっかけになった一日を特定することはできない。日記のように書かれているような詩についても、そのように受けとるしかない。しかしことばになってしまうと、それがうまくいったときも、うまくいかないときでも、取り返しがつかないようなところもあり、そこに不自由な感じがある。

一日のなかにはないのだ。どの日にあるのかというと、それも明らかではない。そういういわば足場のない感じが、読者に不安を与えるのかもしれないし、また別の読者にはおもしろく見えるのかもしれない。

俳句へ

日本の日記は、昔から「歌日記」であることが多かった。こういうところに来て、こんな歌が生まれた、というように、和歌と文章をつないで、つけていくのだ。歌が日記をひっぱっていくのである。歌と散文は、仲がいい。歌は長さをもつので、見た目にも散文のなかにとけこむのである。

俳句は短い。きりつめているので、散文とはちがう雰囲気がある。俳句と日記の関わりも深い。またその関係はユニークなものだと思う。ぼくは俳句を見るたびに(俳句をつくったことがないのでそう思うのだろうが)思う。俳句はどのようにして生まれるのだろうと。

名句といえば、高浜虚子であろう。まあ、これだけすごいものをよくもいっぱいつくったものだと思う。『現代俳句の世界1 高濱虚子集』(朝日文庫)から拾ってみよう。

流れ行く大根の葉の早さかな
桐一葉日当りながら落ちにけり
鎌倉を驚かしたる余寒あり
生れゆく帚の先の落葉かな
去年今年貫く棒の如きもの
蝶々のもの食ふ音の静かさよ
大寺を包みてわめく木の芽かな

ああ、うまあい。無敵である。さがしてみたら、日記をよんだものもあった。「土佐日記懐にあり散る桜」「更級や姥捨山の月ぞこれ」など。これらはいささか不調のようだけれど。ともかく「名句の名人」である。

俳句は普通、あちこち歩いて、その場で浮かぶ。吟行である。だが、いくら名人でもいきなり、いいものが飛び出すものではない。ひとつふたつそこでつくって、それを竹とんぼのように飛ばしてみて、あら、落ちた、なんてこともしょっちゅう。

同じものを詠むにしても、何度か、五七五の一部をとりかえて、これはどう、ならばこれはと、ぶつぶついいながら、ひねる。そして「鞍馬の秋二〇句」などという題で雑誌などに発表されるのである。その意味では実にはらはらどきどきなのだ。きわどいものなのだ。

名句の前後には、平凡な句が並ぶことになる。その虚子の『小諸百句』(昭和二一年)から、ひとつながりにつくられた句と思われるところを引く。そこに掲載された順序で、おそらくつくられたはずである。

初蝶来《く》何色と問ふ黄と答ふ
初蝶が来ぬ炬燵より首を曲げ
初蝶の其後の蝶今日は見し
うるほへる天神地祇や春の雨
懐古園落花の蕚《うてな》を踏みて訪ふ
ものかげの黒くうるほふ春の土
山国の蝶をあらしと思はずや

虚子は「初蝶」ではじめるもので、なんとかひとついいものをと思って「初蝶」「初蝶」と呪文のごとく唱えたが、失敗。少しその小諸・懐古園でぶらぶら。あっちこっちと見回したが、浮かばない。というときに、蝶を、うしろへやることに気づいて、「山国の蝶をあらしと思はずや」(注・「あらし」ではなく「荒し」とする本もある)。あっけなく、いい句が飛び出した。しめしめ、というところか。

いっぽう苦しいときは苦しい。「山寺に」「山寺に」などと、同じアタマが二句、三句とつづいているところや、「春眠の」「春眠を」「春眠や」「春眠の」とまるでリンカーンの「人民の」みたいに、ことばを撃ちつづけて苦しんでいる例もある。まさに苦吟である。

このようにあれこれをためし、時機を待つ、あるいは少しずつしぼりこんでいく。これが俳句のつくり方のひとつであろう。一日、一時を五七五であらわす。それが俳句の本質である。だから俳句という日記の一日はつねに書き換えられる定めなのだ。また書き換えられることに、いのちがある。蝶が、まんなかに飛び込むまで？　長い一日がつづく。

ことばを換えれば無駄の多い長い一日だ。そしていちばん良い一日が出るまで、がんばるのだ。ねばるのだ。くたびれるのだ。それが俳句なのであろう。

エッセイへ

日記をエッセイにすることはある意味では簡単である。その日に見つけたもの、感じたことはたいていエッセイの種になる。

幸田文などは日記そのものが随筆になるといってもいい。『幸田文全集』(岩波書店)の第四～六巻に収められた随筆を読むと、毎日したこと、見たことが、会った人のことがそのままエッセイに転化していることがわかる。

しかもこれを書こうと決めたらのがさない。途中であきらめたりしない。たとえば、こんなふう。

□幸田文、ある日、ごみを見る。↓そもそも「ごみとはいつたい何だらう。本来のごみといふものはない。かつてはみな何かであつたものである」からはじまる随筆「ごみ」、誕生。

□幸田文、ある日、人から身にしみる話を聞く↓「身にしみる日といふのがあるのかとおもふ」ではじまる随筆「身にしみる日」、誕生。

□幸田文、ある日、何につけ優秀で家事の博士の異名もある、あるお手伝いさんの話を聞く。彼女が言うには、予定通り仕事はすべてこなすけれど、それでも一カ月の間には「予定通りに行かない立つてゐる日ができてしまひます」と。↓そうだ、私にもそんな日がある、そういう日には私はお寺に行くなと思い、随筆「静か」、誕生。

□幸田文、知り合いの訪問を受ける。彼は言う。昔々、菓子の店に勤めていたが、久しぶりに、代替りした新しい店を訪ねて、菓子を買ってみると、包装紙の包み方が昔通りだった。「あゝしてかうしてと心のなかの手がいつしよになつて動きました」。

なつかしい。店への恨みも解けた、と。↓名随筆「包む」誕生。
□幸田文、ある日、「郵便屋さんは歩く人だが、歩くのが目的ではない」「歩く気でしっかり歩いてゐる人である」とふと思う。そこで歩くとは何かを知るため郵便屋さんといっしょに歩いてみる。郵便屋さんが郵便受に手紙を入れるときの、つま先、かかとの動きひとつまで克明に観察。でも追いかけるこちらは息ふうふう。↓随筆「歩く」誕生。

というように、その日に会った人、聞いた話、したこと、思ったこと、つまり日記の材料がそのままエッセイになる。ちょっとしたことでものがさない。そして必ず自分にひきよせてその意味を考える。ときには普通は題目として浮かばないようなものにもチャレンジしていく。この積極的な姿勢が文章を張りのあるものにしているといえるだろう。

とはいえ、これはひとごとではない。ぼくも幸田文にはとてもかなわないものの、月に一〇本ほどのエッセイ、それに加えて講義や放送の仕事があるので、何を書こうか何を話そうかということになる。何かひとつでも、一日のなかに見つけなくては仕事にならないのである。

毎日毎日、何か新しいもの、気づかなかったことを見つけよう、拾い出そうとする。だからいつもきょろきょろ。でもきょろきょろしているだけではだめである。じっとしていたらますます、だめ。エッセイのためになにかをする、ためすということもしばしばで、まことに落ち着きのない人生を過ごしていることになる。

幸田文のエッセイに感じることは、どんなものにも興味をもつということだろう。そしてときには「興味をもつ」ということはいったい何だろう、というような問いかけそのものにも興味をもつのである。

これはものごとが、いったん〈ことば〉になるということである。「興味をもつ」ということそのものがひとつの〈ことば〉に変わるのだ。ものごとだけでは、じきに沈んでしまう。〈ことば〉になることで、文章は羽根をつける。四方に飛び散っていくのだ。思考もひろいところへ出ていくのだ。読む人をうるおすものになるのだ。「身にしみる日」も「ごみ」も「包む」もそのようにして生まれている。

ことばが回りはじめると、日記は動く。エッセイになる。

というふうに、日記からいろんなものが生まれる。その人の一日から生まれるのだ。

公開する日記

ブログで、日記を公開する人がふえた。かなりの数の人たちが、ブログで日記をつけている。

「ブログ」を国語辞典で引くと、「ウェブサイトの一種。ホームページが簡単に作れるシステムで、日記の公開や他からの意見の交流に使う」(岩波国語辞典 第七版・二〇〇九年)、「日記形式で手軽に情報発信できるインターネットのホームページ」(学研現代新国語辞典 改訂第四版・二〇〇九年)などとある。二〇〇四年より前の版の国語辞典にはほとんど載っていない。新しいことばだ。ぼくはブログを利用しない。以下はブログを書かない人の感想であり意見ということになる。

ブログの日記とはどんなものか。具体例を引くわけにはいかないが、おおよその内容はその人のその日のできごとだ。誰々に会った、どこどこに行った、おもしろかった、退屈した、というようなもの、回想を記すものなど。大半はその人には意味があるが、他の人には無用のもの。そういうものにも日頃から興味をもつ人もいるから、すべての人に意味がないとはいいきれない。ブログのなかには、社会的に有用な知識や客観的な思考材料を与えるものもあるが、きわめて稀である。

谷崎潤一郎の名作「鍵」(一九五六年)は、ある夫婦が、たがいの日記を読むように仕向けて、刺激され、ときめく話だ。夫婦の間でさえ相手の日記は神聖なもの、侵すべからざるもの。そのタブーが破棄されると、この夫婦でなくてもドラマは起こる。そのくらい日記は個人的なもの、人に見せるものではなかった。ブログは、自分からすんで日記を公開する。それを自分以外の誰かが読むので、反響も期待できる。これまでの時代には、考えられなかったことである。

ブログ流行の理由を挙げてみる。

「情報を発信したい」。報道機関が一方的に送りつける情報には、信用がおけない。知名の書き手の文章も同じこと。事情やしがらみで、情報が汚染され、ゆがめられる。インターネットの普及によって「声なき声」が小さな村から、無力な個人の場からも届くようになった。それらは迅速に世界じゅうの人に伝わる。これまで無理だったり不可能だったことも、そうではなくなり、多くの人が救われている。そこで自分も情報を発信したい、という気持ちになるのだろう。情報があまりにも多くなると、情報の吟味が追いつかなくなり、なにもかもを情報としてゆるす空気が生まれる。気軽に発信される情報に、それほど重要なものがあるとは思えない。

「自分を世間に知らせたい」。新聞やテレビを見ると、連日いろんな人が出てくる。それほどの才能はないと感じる人も派手にあつかわれる。自分だって人に知られてもいいのではないか。ブログは手軽な手段である。

「何かをしていたい」。ともかく何かをしていたい。方向が見えない時代。「何をしたいか」「何をすべきか」はわからない。でも「何かをして」いれば情緒が安定する。たとえ指先だけでも。次々にことばが発射。自分の「城」ができあがる感じも。

でも、中心にあるのは、「文章を発表したい」という思いだろう。次から次にマスコミに新しい書き手が登場、話題と時代をつくる。それなら自分も書きたい。日記だと、自分のことだから材料はある。ブログなら、書いた文章が津々浦々に伝わり、たくさんの人が受けとる。雑誌などに、こつこつ書いても読む人は少ないから意味がない。そういえばブログをはじめてからというもの、毎日が楽しい。友だちもふえた。コミュニケーションの場がひろがった気がする、というところだろうか。

まずは、文章について考えたい。

開高健の文芸評論を集めた『開高健の文学論』(中公文庫)が、二〇一〇年に出た。切れ味鋭い文学論に、あらためて感銘をうける人も多いはずだ。そのなかの、薄田泣菫《すすきだきゅうきん》の文集『茶話』を論じた箇所。

短文を書くのはむつかしい。長文を書くのもむつかしいが、短文では別種の苦労で背中が痛む。言葉を煮つめ、蒸溜《じょうりゅう》し、ムダをことごとく切って捨てながらしかも事の本質をつかまえて伝えなければならない。これが容易ではないのである。明晰でなければならないのにサムシング・アンセイド(語られざる何か)を背後に含ませねばならない。私的偏見を語りつつフェア・プレイでなければならず、百語を一語に縮めながらものびのびしていなければならない。しばしば最小を述べつつ最大を感じさせなければならない。語らなければならず、説いてはならず。過去を現在と感じさせ、茶飲み話なのにどこかに啓示の気配もそえなければならない。これらのないないづくしの難問に泣菫氏はたいていの場合やすやすと成功しているかと感じさせる。

(「小さな顔の大きな相違」)

一九八四年に発表された文章である。「短文」と限定しているが、文章を書くことの心得、警戒すべき点が、ここに言い尽くされているように思う。開高健その人が、文章の理想と現実を語ったものだと思われる。ブログが登場する前までは、文章を公表する人たちは、ここまでの「きびしさ」はないとしても、こうしたこころがけをもって書いていたはず。文章を発表するときは、「ムダ」はないか、「フェア・プレイ」であるかどうかなど、いくつもの点において何度も点検。その作業に耐えられる人だけが文章を公表できるという考えをもっていた。書いたから発表するという、容易かつ単純なものではなかった。まちがったことが書いていないか見直し、校正を何回も見る。記者や編集者、校閲の人も参加して、正確を期す。そのようにして、文章は公表に向かった。そうではないものもあるが、チェックが入らないものは信用されなかった。チェックをうけたもののすべてがいいものであったとはいえないが、いくつかの視線をくぐりぬけたという点では評価された。

ブログの日記の文章は、厳密には書かれていない。思うまま自由に書く。第三者のチェックは入らないので、誤字も多い。他人の文章を引用するときでも吟味しない。誤りが多くなるが、どこまでも「自分」が基準なので、情報が正確である必要はないのだ。事実を創作してもよい。それがもとで人に迷惑をかけてもいい。匿名でもよいので、責任を追及されることもない。ともかく書いたままなのだ。人を傷つけても自分を傷つけたくはない、という気持もあるのだろう。そこで生まれるものを文章と呼んでいいのかどうか。そもそもブログで日記を公開する人の多くは「文章と呼んでいいのかどうか」というようなことを考えることがあまりないはずだ。

ブログは、ブログにかかわりのない人にも影響を及ぼすことになった。人の世界が変わりはじめた。

会合に出た。五〇人ほどの集まりだ。次の日の午後、いなかの人と電話で話した。その人は「昨日、□□のパーティーがあったんですってね」と。ぼくはおどろく。そこに出席していたひとりがブログのなかで、その集まりに出たぼくのようすを書いていたのだ。ぼくの名前で検索したら、出てきたという。ブログに記されたことはウェブの検索にひっかかるので、どんなことでも簡単に第三者にわかるのだ。

ある出版社に、ある本の在庫をきいた。すると、その事実が、電話をうけた人のブログに記された。本の題名も、著者名も、ぼくの名前も、おおやけにされたのだ。こちらは公開を前提に電話をしたのではない。ブログとは関係のない人にも、ブログは襲いかかるのだ。ブログで記したことが、活字媒体に発表するよりはるかに迅速に、しかもとても多くの人に伝達されることを、ブログの人はあまり意識しない。他人が見えなくなるのだ。無関係な人のからだを傷つける事件が近年とてもふえたが、それとどこかで通じることなのかもしれない。

その人だけに話したプライベートなことが、ブログに出てしまう。これからは、そんなことばかりになるだろう。人と話すときは、「その人がブログを書いている人かどうか」「ツイッター（簡易ブログ）を使っているかどうか」をたしかめてから、話す必要がある。怖いこと、面倒なことになった。つまり何もいえない時代になった。

詩や小説の世界ではひところまであった論争が、ない。何かを書くとブログに書かれるのだ。そして途方もないところにもっていかれる。その怖さを知った人たちは、紙媒体での論争を警戒する。何をいわれるか、わからないからだ。インターネットのなかではものがいえるが、実名では何もいわないし、書かないという人もふえた。匿名だと、なんでもいえる。内容も陰湿なものになる。「情報の発信」のいきつくところはどういう場所なのだろう。

たしかに、書きたいことが自由に書ける場を、これまでの社会は十分に与えてこなかった。職業的な書き手だけが文章を発表し、意見を述べた。特権的なところから文章が生まれた。だからときには一般的な考えや感覚と合わないこともある。ブログはそれを改善するという面で期待されている。ぼく個人は少し見方がちがう。もし職業的な、あるいは既成の書き手の書くことに不満があるときは、その書き手に向けて、(チェックが働く)活字メディアなどを通して意見をいう。それを繰り返していく。時間はかかるものの、それがもっともたしかな方法ではないか。書き手としての条件をしっかりみたしている人に、すべてをゆだねるのだ。条件をみたしていない人、たれながしのブログを書いていても平気な人のもとには、言論の舵《かじ》を渡さない。そのほうが社会は大きな傷を負わないように思う。ぼくは何も一部の人たちだけが文章を書くべきで、他の人は書いてはならないと述べているのではない。条件をそなえた人たちの内部には、無形の能力がうめこまれている。最低限のルールとマナーもある。まだまだそこに期待していい、ゆだねていいと述べたいまでである。

公開する日記が、ほんとうにその人のものなのかどうか。日記のことばはその人と、どの程度かかわりがあるのか。これも考えておきたいことだ。

日記は、特別な文学性や公共性をもつものは別として、自分にだけわかればいいものので、他人に見せる必要はない。他人に見せるということは、もはや、自分というものがなくなっているからだろう。自分が希薄化しているしるしだと思う。そこに自分があるように感じているとしても、それはまぼろしで、「自分があるような」気どりを、ただ示しているにすぎないこともある。ブログで自動記述のように、どんどん書いていけば、そのことばの量で、「自分がある」ような錯覚が生まれる。でも、それは「自分のない状態」なのだ。冷静になれば、他人もないが、自分もない状態であることに気づくことになる。

ひとりになり、自分に向き合い、自分があることを感じとりながら、静かに日記の文字を書く。最少の文字に思いをのせる。感じたことも、思ったことも、自分のなかにとどめる。だいじなことは、時間をかけて考える。こうした内側のひとときをもつことをたいせつに思う人は、ブログによりかかることはないように思う。

ブログには、文章もマナーもルールもないとしても、人の正直な姿が出ており、そこでつくられる人間の世界を拒絶してはならないという肯定的な見方も当然あるだろう。新しい時代をたくましく生きよ、ということなのかもしれないが、ただ時代にのみこまれるのもこころもとない。まだ答の出ないことについては、段階的に考えていく。そんな姿勢も必要だと思う。

杉の花火

武者小路実篤は、日記でもつけるように、詩を書いた。角川文庫の『武者小路実篤詩集』のなかをのぞくと、文豪なのに、こんなものでいいのかと思えるような、素朴なことばが、あちこちに見つかる。

誕生日になると、詩をつくるのだ。実篤にとって、誕生日は、よろこびをすなおに表す機会らしい。

「誕生日に際しての妄想」という詩は、「二十六年前の今日／自分は生れた、」でスタート。五〇歳になると、「第五十回の誕生日の朝の感想」という題の詩だ。第一行は「自分は今日満五十になつた」。八〇歳のときは「第八十回の誕生日に」の題ではじめる。その第一、二連。

私は今日満八十歳になりました
この日
この壇の上から
君達に感謝したいと思ひます。

私が生れ
私が生きてゐることを
よろこんで下さつた皆様に
感謝しようと思ひます。

さらに、誕生日のときではないようだが、九〇歳のときの同じような詩もある。
「いずれは生きて来た」という題で、こんなふうにはじめる。

自分は今日まで生きた。
九十年。
之《これ》は事実である。

他の歳でも書いたろうが、たまたまこの文庫には収められていないだけの話かもしれない。共通するのは、自分のことからはじめるということ。なんと自己本位な詩だろうと思うかもしれないが、実はそうでもない。自分が年齢を重ねることのうれしさとわびしさもかきこまれており、まわりの人たちへの感謝の気持ちも、見た目以上に深いものである。でも書き方は、ブログに近い。思いのままを、思いついたことばで、表現の工夫もなく、すなおに書く。推敲のあともない(あまりなさそうだ)。その点、いまのブログにとても近いものだ。この世には、まず自分があるという視角も。

では、こんな詩はどうだろう。これも、実篤の詩である。題は「原稿書かうと思へども」。小説を書かなくてはならないのに、つい画がかきたくなってしまうのだという。その第二連。

杉の葉は花火の如し。
かく口づさみつゝ
杉をかく也。

実篤は、杉の画をかいたらしい。杉の葉は「花火」のようだったらしい。そのつづきを、終わりまで。

今日は昨日より
いくらかうまくかきたり
杉の如く見えて来たれり
嬉しくなりぬ。

よき画が出来ると思ふと
怖くなるなり
売る気はしなくなるなり
あまりにいゝ画が出来ては
困ると思ふなり
興奮するのがつらければなり。

だがそれ程の画も出来ざれば
その心配なけれども

一寸得意になつて
誰かに見せたくなる也。

書けば、誰かに見せたい。ものを書く人、つくる人の気持ちはいつでもそうだ。だがそこに、別の心が芽生える。「怖くなるなり」。「困ると思ふなり」。「興奮するのがつらければなり」。こうした予測しない心の傾斜も、書くとき、つくるときに生まれる景物である。ブログは「嬉しく」なるものだ。書いていると、おそらく。どこまでも快適、心地よい。でもそこに書いたことが自分にとって、意味のあるものと感じられたときでも、冷静な自分という、もうひとつの人影を呼びだしておきたい。書くことの内側にも、そして外側にも、さらにその向こうにも人の世界がある。それを知ること、感じとることのうれしさを、すててはならないと思う。

5 あなたが残る日記

『摘録 劉生日記』より

日記は一年、二年あるいは半生の記録である。日記をもとにして、自分の年譜をつくることもできる。あとで忘れしまうことがらを「記憶」してくれるのも日記である。ただただ、つけるだけで、まったく読み返さない人もいる。でもそんな人にも、日記は楽しいものなのだ。

一〇大ニュースを決める

一年間の日記をつけおえたところで、その一年の自分を日記のなかで振り返る人もいる。ちいさいころのぼくも、そうだった。それが日記をつける楽しみのひとつでもあった。

小学から中学にかけては、A5判のノートに、日記をつけた。だいたい一カ月に二冊を消化した。ハイペースである。

一冊ずつ、表紙に題名をつけた。遠くからの花束、招かれた春、若き師、夏の影、青年の駅、水色の卓球、離別、筏(これはちょっといい題だね)、二人のビーナス(好きな人が二人いたのか)、世紀の声、檄など。いま見ると、とてもはずかしい文字ばかり。

日記の内容は学校であったこと、家庭のニュース、ひとりで思ったことなど、特別なものではないが、この他にもいろいろとつけた。当時は紅白歌合戦に誰が出るかが国民の話題だった。一〇月末ころになると日記のなかで今年の出場歌手を予想した。出場歌手が発表されると照合し、この人はやはり落ちたか、あの人は出るのかなどと、ひとりで論評した。また芥川賞、直木賞の受賞者もつけた。ノーベル賞も。

日記とは別に、中学一年のときに読書ノート《文学を知る》を書いた。国木田独歩、有島武郎、芥川龍之介、宇野浩二、室生犀星、中野重治、岡本かの子など、作家別に二六冊である。その作家の主要作を読み、あらすじと感想をつけるのだ。

さらに小学校六年から中学二年のころまで《国際情勢》と題する、別の日記をつけていた。新聞の国際欄を開いて一日一日の世界の動向を記録する緻密なものである。三年、五冊までつづいた。

当時(一九六〇―一九六二年)はアフリカの植民地の独立ラッシュ(ソマリア、ニジェール、マダガスカル、ナイジェリア、シエラレオネ、ルワンダなど。地中海ではキプロスも)。またベルリン問題、西イリアン問題、ゴア問題、コンゴ問題、イスラエル問題、そしてトリエステ問題、カシミール問題などもあった。紛争地域の地図を色分けしてかいて、記事を立体化した。コンゴ問題は複雑なので何回も地図にした。国際問題の「絵日記」みたいなものだ。ぼくの「論説」記事を見てみると「季節と首都の関係」(リビアなど、季節によって首都が二都市間を移動する国があった)「世界の政治的連結」(条約のこと)から、「三派の構成合意近づく——ラオス新政府」「スーステル派に解散命令」「マーシャル副首相来日」「ハリマン国務次官補来日」などというこまかいものまである。何もわかっていないのに、つけたらしい。でもゴア問題、コンゴ問題については、友だちよりも詳しかったと思うのである。

ぼくは日記ばかりつけていたのだ。忙しい少年期だった。

こうした自分のさまざまな日記をふまえて、年末に、「ぼくの一〇大ニュース」を、日記のなかで発表した。ぼくがぼくに向けて発表するものなので、気軽なものである。ベスト1からベスト5までは世界情勢(米ソの核実験など)としたいところだが、まだ子供だから「生徒会長になった」とか「成績が上がったぞ」とか「○○さんと、仲良しに!」とか「カブト虫大量に発見」とか卑近なものになる。大みそか、紅白がはじまる前に、ぼくはみかんを食べながら、「一〇大ニュース」の選定にとりかかるのである。これは、どきどきするものである。そのうちにできあがって、正式発表。決まれば異論はない。こうして無事、日記少年の一年が終わるのだった。

東京の日々

吉村昭『東京の戦争』(筑摩書房)は、東京生まれの著者が一八歳の夏までの、東京での生活を振り返るものだ。著者は一九四五年(一八歳)の八月上旬、徴兵検査に合格したが、数日後に終戦となった。だから戦前、戦中、戦後の日本を、ずっと東京で体験したことになる。「日本人が過去に経験したことのない大戦争下の首都で日々をすごした人間は限られていて、その庶民生活を書き残すのも、一つの意味があるのではないか」と思い、この本の文章が生まれたのだ。

吉村少年は東京の空襲にあい、家を焼かれた。たくさんの死体を見た。また肺の病気になった。父と母は病死。兄たちは戦場へ。そんな暗い時代でも吉村少年はラジオから流れる「宮本武蔵」を楽しみ、芝居や映画も見た。寄席にもでかけた。またときには、ひとり旅をした。当時の少年の気持ちがそれぞれの文章から静かに伝わってくる。

巻末に「私の『戦争』年譜」という九頁ほどの年譜がついている。これにぼくは興味をもった。普通の年譜ではない。「戦争」と自分のかかわりについての年譜、いわばテーマをもった年譜なのである。昭和一六年八月(一四歳)から昭和二一年一月(一九歳)までの記録をつづるものである。

昭和十六年(一九四一年)　十四歳
私の「戦争」は、この年の八月十日に二十三歳であった六兄敬吾が中国戦線で戦死したことからはじまった。

これが年譜の最初のことばである。そのあとのことがらをいくつか引いてみよう。「　」のなかは年譜の文章である。

昭和一六年一二月八日、大東亜戦争勃発。「町は沸き立っているような感じであった」。翌日、兄の遺骨が帰還。「遺品の眼鏡の弦が失われていて、代りに輪ゴムの連結されたものがつけられていた」。それから一〇日後、すぐ上の兄健造に召集令状、中国戦線へ。

昭和一七年四月一八日。「物干台で凧をあげている時、東京初空襲の米軍機ノースアメリカンB25一機を目撃。風防に見えた二人の飛行士の首に巻いたオレンジ色のマフラーが印象的であった」。九月、はじめての教練に参加。

昭和一八年四月一八日、山本五十六大将戦死。「沈鬱な空気がひろがった」。学徒勤労動員令により、隅田川沿いの日本毛革帯工場に勤務。

昭和一九年。太平洋の島々で玉砕あいつぐ。「病床に臥すことが多く、唯一とも言っていい楽しみはラジオで放送される徳川夢声氏の吉川英治作『宮本武蔵』の朗読であった」。

昭和二〇年元旦。(前年の)大晦日の夜、空襲警報が発令されたが警戒警報は解除。「深夜、初詣でをしたことなどなかったが、なぜか今回だけはという突きつめたような思いで朴歯の下駄をはき黒いマントを羽織って家を出た。町は濃い闇につつまれ、静寂がひろがっていたが、しばらく行くと露地から夫婦らしい男女が現われ、そのうちに人の姿が少しずつ増し、それらが神社のある高台の道をのぼってゆく」。四月一三日、大量の焼夷弾が投下され、日暮里の家は焼けた。八月上旬、徴兵検査、「結核の既往症があったが、第一乙種合格となった」。昭和二〇年八月一五日、敗戦。最後の年譜は、次の一行である。

昭和二十一年(一九四六年)　十九歳
一月、兄健造、復員。

ここで気づくのは、この年譜が、兄の戦死(大東亜戦争開戦の四カ月前)からはじまり、別の兄の戦地からの帰還(敗戦の五カ月後)で終わっていることである。もし著者その人だけの年譜であれば、このようなことにはならない。だが著者にとっての「戦争」の期間は、開戦から敗戦という戦争の暦の「前後」にわずかだが、はみだしている。ふくらんでいるのだ。戦争は「私」個人の歴史ではなく一家の歴史だったのだ。そこに戦争という魔物がはまりこんだのだ。このようにして個人の現実と社会は時間のずれをもつ。それが人の歴史というものだろう。

日記をもとに、あるいは吉村氏のように、記憶をもとに、ひとつのテーマで歳月を振り返るのも意味のあることかと思う。「戦争」ではなく「恋愛」でも「住居」でも

「品物」でもいい。そうすることで、それぞれの世界がどのような時間や秩序によって成り立っているのかが見える。自分の姿がいつもとはちがう角度から見えてくるかもしれない。

友だちランキング

子供のころは、友だちとの関係がとても気になるものである。学校のなかで、また学校から帰っても、気になる。誰と遊んだ、誰とは最近仲がいい、あいつは意地悪だ、嫌いだと、日記も友だちのことで明け暮れる。友だちとうまくいかないと、落ち込む。そんなことは、あとになってみれば、なにほどのことでもないのに、子供のときは、一日一日がとても大きいのだ。目の前は、大きな壁ばかりなのだ。

梅崎春生は、熊本の五高の二年(一八歳)のとき、日記で友だちを論評する(『梅崎春生全集』第七巻・既出)。「近頃友達の範囲がやっと限定されて来たと思う。私は私の友達を四層に分けて」みると、こうなるというのである。

一、真実の友、心の友

二、好意を感じて居る友
三、全然路ぼうの人
四、嫌な友(これでも友と言えるかしらん)

このあとに、「此の外に友達になりたいと思う人の数人がある。私はしかし彼等に対する情熱が一年生時代と比較して、ぐっと衰えて来た事を悲しく思う」と記している。なお引用した分類の下には数字がついている。おそらくそれぞれが何人いるかを数えたようだ。さて「真実の友、心の友」はいいとしても、「全然路ぼうの人」とは冷たいことばである。だがおとなの社会でも「全然路ぼうの人」にあたる人が、身の回りにはいるのである。またそんなに親しくもなかったのに、むしろ「嫌な友」の部類だと思っていたのに、ある日をさかいに親しくなり「真実の友、心の友」になることもある。

ぼくも早くから「友だちランキング」をつけていた。これはたいへん苛烈なもので、その態度や行為を採点するのである。まるで先生みたいに高いところに立って。今日は、T君のランクが上がった、Jは下がった。Sは、「やはりだめだ、よくわかった」

という ように。日記は評価のさまを刻々と伝えている。自分のことは棚にあげて(こんなことばじたいそのころは知らなかった)、そんなことばかりしていた。

子供のときは自分の姿がうまく見えない。その手法も知らない。だから、すぐそばの他人、同等の位置にある友だちを通して、自分を見ているのだ。それしかないのだ。また、そういうことを通過して、人の世界を学んでいくのだろう。

その人のことだけになる

詩人大手拓次は、書かなかった。相手の名前を心のなかで叫ぶだけだった。女性を好きになってもいつも遠くから思っていた。女性のからだは銭湯へ行くたびに観察した。くまなく。こまやかに。でも女性とは終生、つながることはなかった。

彼はライオン歯磨本舗広告部に入り、文案(いまでいうコピー)の係になった。大正一〇年、眼疾が悪化し、長期欠勤。その前後から病院の看護婦や、ライオン歯科院勤務の女性、児童歯科院の新人の女性(のちの女優・山本安英)に思いを寄せるようになる。『群馬文学全集』第六巻(伊藤信吉監修、群馬県立土屋文明記念文学館)に、没後に刊行された彼の日記の一部が入っている。

大正一三年(三六歳)の日記の恋の記録は、寡黙である。広告部の同僚女性nさんのことが好きになったらしい。好きになったところから、日記がはじまる。

二月二十七日　水　〔天候〕はれ
m、K、O、
nさんと一言も交すことが出来なかつた。さびしい。どうしてもはづかしくつてまともに見ることが出来ない。地下室で御飯を食べてゐられるnさんを見たが、人目があるので笑顔出来なかつた。二人きりであひたいが、それが何だかこはいやうなはづかしいやうだ。
nさんは見れば見るほど美しい。
しるこ屋アヅキ一、炭一、

このあたりから、日記はnさんへの思慕をつづるものへ傾斜していく。n以外の頭文字は出社した同僚もしくはこの日会った人だろう。最後にあるのは、夜ごはん(ときに買い物)か。ごはんを食べて、元気をつけて、日記をつけたのだろう。

四月十六日　水　〔天候〕あめ
m、K、O、
nさんの事を思ふ。
nさんは結婚するとかいふ話がある。どういふ人と結婚するのかしら。
さしみ一つ、

四月十七日　木　〔天候〕くもり、あめ、
m、O、
nさんの事を思ふと、さびしくなる。電車にのつても、nさんにもしやあひはしないかと気をつける。
カモ二、敷嶋一、

四月十八日　金　〔天候〕くもり
m、

ｎさんの事を思ふ。

悲しく悲しくｎさんの事を思ふ。

卵一、下宿より十円かりる。

このあとも日記はｎさんのことばかり。「ｎさんの事を思ふ」あるいは「ｎさんを思ふ」で埋めつくされる。「ｎさんを思ひ詩『路をながめる』をつくる」(四月二八日)と、孤独な恋は詩を押し上げた。ひとりの人に夢中になると、日記はその人のことばかりになる。でも、こうしたときほど人は日記を読み返すものである。彼もそうだった。「日記をくりかへし、くりかへし、ｎさんの事を思ふ」(四月二〇日)とある。「くりかへし」がもし「読み返し」の意味なら、自分でつけた日記の、そのとても少ない記事のなかに少しでも希望を見ようとしたのだろう。四月二七日には「かげながら、ｎさんに手をあはせておわびした」。感情が右へ左へ揺れるようすが伝わる。

恋人ができると、その不安な気持ちのために、自分の日記を振り返るものである。「あ、このときは、こうだったから、あの人は、こう言ったまでのことなのだ」とか「いや、このときのこのことばは、やはりほんとうのことだったのだ。ああだめか」

なんて思い、消えかかる電灯みたいに、暗くなったり明るくなったりしながら、自分の日記の文字を何回も読むのである。あの人がぼくを好きである証拠が、見つかりますように、と。

ところがなにしろ夢中になっているなかでつけたので、日記はその点、いいかげん。自分の書いた文章というものは、だいじなときに役に立たないものであるな、などと思うのである。大手拓次は日本象徴詩のさきがけとなった人だが、ともかく詩を書く人なので、ことばが少ない。夢中になるとますます少ない。ことばも足りないから自分のつけた日記は資料になりにくい。だから二人のこともうまく振り返ることができなかったのではないか。そのためかどうか、nさんの姿はまもなく日記から消える。

記録と記憶

記憶はそうとうにあやふやなものであることはいうまでもない。だから、記憶を記録に替えることがおこなわれる。

ものごとをなあんにもおぼえていない人というのがある。記憶喪失というわけではないのに「わたし、おぼえるの、下手なの」と公言する人だ。自分中心に生きている人に多い。その人ひとりのためには、記憶しなくてもいいが、あることをおぼえていることで、他人を幸福にすることはある。他人をしあわせな気持ちにしようと思っている人は、ものをおぼえようとするものである。ぼくはどうでもいい人の言ったことについては記憶できない。好きな人が言ったことは、耳をすますだけに、すべてをおぼえるわけにはいかないものの、なんとか耳に残るものである。

どれだけその人について記憶しているかを愛情の尺度にする人もいる。これがきびしい。「あ、Mさんて、高校時代の友だちね」「ちがうわよ。中学のときだって、この間言ったばかりじゃない!」というようなところまではいいとして、何年か前の日を「あれは秋だったなあ」くらいでとどめようとするときに、「九月の一二日、たしか水曜日よ、わたしは神戸から帰ってきたときで、会ったのは午後五時、そう一五分くらいあなたが遅れて来て、本屋で、たしか『君のことを忘れない』という本を買ってた、そのあとラーメン食べようとしたけど、そのまま別れた」などと精細な人もいる。このうちのどれかひとつでも思い出さないと、あなたはわたしの言うことをいつも聞いていない、愛情も関心もないといわれてしまうのである。それは一面であたっている。あたりすぎるほどだ。

愛するということは、あるいはたいせつな人をもつということは、記憶に懸命になる、そうさせられるということである。

記憶のとぼしい人は、おそらく人をほんとうに愛したことがない、あるいはほんとうには好きな人がいなかったのかもしれない。好きな人ができると、どんなにあやふやだった人でも、頭が活発化し、記憶の力も育っていく。ささいな一日の、ちいさなできごとでも、ことばでも、それがつい一週間前のことでも二人の力を合わせて思い出して「あれはこうでした」「それはあれだったよね」と語っていくのは無上に楽しいものだ。そのために、記憶を記録に替えたい気持ちが生まれるのだ。日記をつける人は自分だけではない。人をたいせつにしたいと願う人なのかもしれない。

忘れること

日記は、今日、あの人に会った、こんなことをした、こんなことになったとかいうふうに、できごとを中心につけていく。たとえば、ぼくならこんなふうに。

〈八月×日

晴。二人で駅からの道を歩いていたら、そんなに高くない木のところに、セミがいた。ぼくはああセミがいるな、「つかまえちゃおう」と思い、そのまま手を伸ばしたところ、背中から、なんなくつかまえてしまった。ジージージーとけたたましくセミは鳴いた。いっしょにいたF子が、すごい、ほんとにつかまえちゃったと、ぼくに感心した。ぼくもつかまえられるとは思わなかったので、実はおどろいた。すぐ離してやった。少しためらってから、ジーと鳴いてセミは飛んでいった。スーパーに行き、それから散髪をした。今日は、いろいろと、たくさんあったので、早く寝た。〉

こういうふうに日記は、つけられていくのである。しかし、こんなことだけになっていくと、日記がおさめるものは、できごとだけになっていき、できごとだけはジージー鳴くけれど、最近の自分の心理状態や身の回りの光景が記録されることなく、日記はふくらんでいく。よく日記は「三日坊主」になるといわれるが、できごとのジージーばかりをつかまえようとするので、そのうちにできごとがないと日記を書けなくなる。できごとだけでは描き出せないこともつける。これをこころがければ、日記はつづく。

こんなことも、つけておこう。すべて、時間がたつと忘れやすいものばかりである。いま住んでいる家の間取り／引っ越して何年かたつと忘れてしまう。玄関はどこ。

階段はどこ。倉庫、屋根裏はどうなっている。わたしは、どこ。いつもどんなふうにすわっている？

窓からの風景／何が見えるか。周囲はどんな建物。誰が住んでいるの。

近所のようす／空地、公園、学校、散歩道など地図つきで。

書棚のようす／どんな本をいちばんそばにおいているかで自分の知的動向がわかる。

行きつけの店／スーパー、美容院、お医者さん、自転車屋さんなど。あとから泣きたいほど懐かしくなる。

衣服の傾向／どんなものをよく着ているか。

会社の人たちの描写／いつもあたたかく見つめてくれる人、こわい人、名前の知らない人、よくすれちがう人など。

いまの仕事／ちなみにぼくは半年に一度、連載の件数を書き出し、これでこの先、生きていけるのかどうかと考える。

家族のありさま／父親、母親、夫、妻。子供の成績・成長・素行。ペットのようす。よく家のなかに入ってくる虫。ぼくのいなかの家は隙間が多いのでイモリ、ヤモリ、スイッチョ、ゲジゲジなど。この夏はちいさなカニがよく畳の上を歩いていた。

男性観あるいは女性観／いまいちばん親しくしている人、次の人など。各ポイント別にたしかめ、「男」のぼく「女」のわたしを正直にレポート。

いちばん心を占めている問題／心境をほりさげてみる。

政治、社会の大きな動き／事件、事故、亡くなった人など。日記のはしに、ちがう色のペンなどで記すと、あとでわかりやすい。

と、このようにいっぱいある。忘れることは、つけておこう。

ただし最初から、つけることがむずかしい場合もある。たとえば、いま好きな人、つきあっている人。その、いまでは大切な人と、最初に会ったのは、いつだったか。ある日何人かで会ったが意識しなかったなどというときは、その人のことは日記のなかに残っていない。日記は、過去に、そのときに見つけられなかったものについては冷たいのである。「出会いの日があったな」と思うしかない。

畳の上のスポーツ

少し前まで世の中にあったことが、ある人の残した日記からよみがえることがある。

岸田劉生の『摘録 劉生日記』(岩波文庫)は、画家の日記らしく、絵日記になっているので目に楽しい。来客があった日は、みんなでわいわい話している絵。おでかけのときは、街の絵、芝居の絵、山の絵。この日記は大正九年元旦(二八歳)から大正一四年七月九日(三四歳)までのもので、この期間、彼は一日も欠かさず日記をつけたのである。「一冊、一年中の事がこの日記に記されたら不思議な味の本になる」と、彼は日記の冒頭に記しているが、本人ばかりではなく、読むほうにもおもしろい。

さて彼は、客が来ると、家のなかで、すもう(角力)をとるのである。よく、とる。その様子を見てみよう。傍線はぼく。ルビの一部を略した。

八時半頃離床。塩川君に皆で写真うつしてもらったりカメラをかりて坊やや麗子の自働車にのっているところをうつしたりした。うまくうつるといいが。それから椿へ行き、安良《やすら》、椿などと角力とり、その写真もうつしてもらう。これもうまく行くと面白いのだが。椿の処でまた皆一緒に余と安良は裸にてうつしてもらう。

(大正一〇年三月二一日)

このあと、「仕事しようかと思うたが角力でくたびれたので止《や》め、入浴し、日記つけもう少ししたらかまくらに行こうと思う」とある。すもうで、くたびれたらしい。

一時頃帰宅、麗子も帰って来たので、二時すぎから麗子の肖像にかかり四時頃この画を終《つい》に仕上げる。椿夫婦来る。仕事おえて夕方椿へまた蓁も行き、久しぶりで椿と角力とる。九月二十一日にとったきりだ。

（同年一〇月一五日）

丸山も来て、松方と三人で角力とったが松方は強くてかなわなかった。尤も今日は余も少し力が弱っていた。寝不足の故だろう。

（同年一二月二八日）

一時間ほどいて帰ったが、帰りがけに椿、棟方と三人で角力とる。……夜食後棟方と土屋と三人で坐り角力や腕おし、オランダ角力、足角力などやった。土屋は左利《ひだりきき》で左手ではとても腕角力かなわぬ。コロリとまける。

（大正一一年一月二日）

仕事の後横井と角力とったがとりつけないのでつかれた。

（大正一二年三月一一日）

四時過仕事を止め、小林と裸になって角力とる。

（同年四月四日）

蓁《しげる》は、妻。麗子は（「麗子像」の）娘。その他の、ここに名前の出てくる客はすべて、出入りしていた若い画家をはじめ美術関係の人たちである。

棟方は若き日の棟方志功であろうか。青森から出てきた彼も、岸田劉生のすもうの相手をつとめたのだ。ともかく岸田劉生は、友人、知人がやって来ると、すもうをとるのだ。すもうをとったときは必ずといってよいほど、その日の絵のなかにすもうの模様をかく。下のものひとつつけて裸で取り組む絵だ。二人がしっかり組み合っているものばかり。本気で勝負しているのだ。文章では、「角力とる」などと、描写はそっけない。でもそれで十分なのだ。すもうはいつも楽しいと思っているからだろう。日記は少ないことばのほうがその人の気持ちを伝えることがあるのである。

さて、すもうは仕事のあとが多い。仕事の疲れはとれるが、とったために疲れてしまうこともあるし、とりなれていない人ととると、これまた疲れるけれど、仕事のあとのスポーツは気持ちのよいものだったろう。誰かが来て話も済むと、目の前の空間がぽかんとした「空き地」のように見えてくる。「よし、いっちょう、やるか」「いいですよ、先生」。そんな会話が聞こえてきそうである。

いまは男の客が来てもビデオを見たりゲームをしたり。ひところまでは、男はよくすもうをとった。ぼくもいっぱいとった。学校の休憩時間にも。すもうはどこでもできる。体ひとつあればできる。また一見弱いと見える相手がえらく強かったりして、びっくりする。「あらあ、強いわ」と。すもうは、その人のかくれた筋力や骨格がものをいうのでおもしろい。おとなもよくすもうをとった。すもう大会も頻繁にあった。いつもネクタイをしているまだ若いおじさんが、裸になって、白いお尻を動かし、神社の境内などですもうをとるのである。男は、すもうなのである。

画家の日記で、すもうの思い出が色づいてきた。

三八歳からの日記

「実行即芸術」「芸術即実行」を信仰、「神秘的半獣主義」を唱えた文豪、岩野《いわの》泡鳴《ほうめい》。自己に徹した創作で「無法」ぶりを発揮した。明治から大正にかけて発表された、泡鳴五部作の最終編「憑《つ》き物《もの》」の、心中しそこないの場面は、滑稽。強烈。愛し合っていないどころか、憎み合うような二人が、心中することに。鉄橋から飛び降りたが、川床の根雪のうえ。つまり、助かってしまった。以下、そのときの会話をまとめると……。

「櫛《くし》がないぢやないか？」と、女。落としたらしい。「また買へばいい」と、男。「金がないのに、買へやせんぢやないか？」と女。「そんなこともないだらう」と、男。「買へやせん！　買へやせん！」、「探して来い！」と、女。

櫛ひとつ、のことなのに。いま死のうとした男女とは思えない会話だが、このすさまじさ、あけすけさ。これが岩野泡鳴の世界である。漱石にも藤村にもきびしかった正宗白鳥も、岩野泡鳴については、こう書くほかなかった。

『放浪』『断橋』『憑き物』は、一文無しで孤影悄然として北海道をうろつきながら、まだ一分の未練を事業に対して残していた間の経験記録で、泡鳴一代の傑作である。私は、以前きれぎれに読んでいたのを、今度はじめて通読して、予想外の興味を覚えた。芸術として欠点だらけであるにしろ、人を動かす力は、明治文

学中の何人《なんびと》にも劣らないのである。　（『新編　作家論』岩波文庫）

　ここにいう「事業」とは、樺太での蟹の罐詰事業のこと。これは失敗に終わったが、泡鳴は養蜂も手がけた。当時人気のあったメーテルリンクの「蜜蜂の生活」の影響と思いたいが、どうもそうではない。「養蜂で巨万の富を作るという夢」を見ていたらしい（『岩野泡鳴全集』第一四巻、臨川書店／伴悦「解説・解題」）。あやしいようで、まともなようで、あやしげな、不思議な人である。

　そんな岩野泡鳴が、日記を残していた。読みたいような、読みたくないような。そんな気持ちで開いてみたら、意外に「普通」の日記だった。そして、やはり「普通」ではない部分もあった。

　岩野泡鳴は、明治四四年四月三〇日、突然、日記をつけはじめる。「池田日記」と題するものだ。大阪新報記者となって大阪箕面電鉄沿線の池田に移った。それで「池田日記」なのだ。そのとき、泡鳴は三八歳、「断橋」を書きあげ、意気さかんな時期である。以降、居住地の名をとり「続池田日記」「目黒日記」「巣鴨日記第一」「巣鴨日記第二」「巣鴨日記第三」とつづけ、大正九年四月二五日まで日記をつけた（五月九日、腸チフスがもとで死去)。まる九年、つけたことになる。毎日つけるというほどではないが、休止期間はあまりない。まめである。

なぜ突然、日記をはじめたのか。理由はわからない。東京から関西に移って心機一転なのか。仕事がこんできたので、整理・記録が必要になったのか。三八歳から亡くなるまでの心境とできごとが、日記のなかに記されることになる。これらの日記はすべて前記『岩野泡鳴全集』第一四巻に収録。全集の一巻だからぶあついが、それでも泡鳴の日記がすべて、この一冊におさまる。二段組で二七八頁分と、適量。見通しがよい。ここまで「まとまり」のある日記はめずらしい。まるで後世の読者のために、そうしたかのような感じがするほどだ。

最初の日、明治四四年四月三〇日の日記は、二八〇字ほど。「四月三十日。晴。清子、下女と共に下阪。府下池田に定めて置いた借家に伴ふ」ではじまり、新生活の状況をスケッチ。引っ越しで忙しかったのか、次の日記は三週間後。しかも短い。

五月廿日。社から帰つて見ると、清子の父がひよつくらやつて来て居た――息子の家庭が面白くないと云つて。

たったこれだけが一日とは思えないが、なるほど一日とは、こんなものかと思えば、不自然ではない。これだけで小説の一編が芽生えそうな気配もある。じょうずだなあ、日記のつけ方が、というのがぼくの第一印象である。

十月十九日。清子の父は、厄介になつて遊ぶよりも自分で自分の生活をする方がいいからと云つて、帰京。ついでだから、下女も一緒に帰つた。

さきほどの続編みたいだ。簡素な表現だが、家のなかの景色が見えるようである。蜜蜂のこともよく出てくる。たとえば大正元年八月の一節。

八月七日。曇。第一号群へ上からまた蜜を垂らしてやつた。巣門の方から第二、第三号のワクに少し産卵がある。夜、北川氏来訪。

八月廿日。晴。出社せず。大掃除。かじかがきのふから鳴き初めたさうだが、けふも亦二度鳴いた。いつのまにか第二号のも黒みを帯びて来て、第一号のと見わけがつかなくなつた。入れてある石の色に同化して行くらしい。

意見や感想で長くなる文もあるにはあるが、総じて、このように短いものが多い。いま引いたところなどは、蜜蜂と、かじかと、人間が、どこかのうっすらした光のなかに包まれて「同化」していく印象もあり、破滅型文士のさきがけとなった人の日記とは思えないほど、静かで穏やかだ。亡くなる年の大正九年は、一月一日からほぼ毎日つけている。「巣鴨日記第三」の、泡鳴最後の日記のことば。

四月十七日。晴。日本評論社より「情か無情」の初版印税残金百三十八円也。

四月十八日。晴。畑を返して廿日大根と時なし小蕪《かぶら》とをまいた。池田氏来訪。吉野氏を訪ふ。

四月十九日。——

以後、かぜの気味で面白くなし。

四月廿三日——常盤座へ招待された。

四月廿四日――劇作家協会設立の相談に列す。

四月廿五日――研究座を見る。

ここで日記は、途絶えている。『日本現代文學全集29 岩野泡鳴集』(講談社・一九六五)の年譜によると、四月二五日、「研究座を観ての帰り、雨に遭い、以後病床に就く」。チフスの疑いがあった。五月八日、帝大病院に入院。九日、午前一時半、佐藤外科で大腸穿孔のため開腹手術、同三時四〇分、永眠した。享年四七歳。

岩野泡鳴の日記は、そのなかみや形式において、それほど特色のあるものではないが、人と日記のかかわりという面では理想的な部分をもっているように思う。はじまりから亡くなるまでの九年間、日記は、どこへも行かず、泡鳴のそばにいたのである。日記もまた、生をまっとうした。そんな感じがする。しあわせな日記というべきではなかろうか。

書きためる

忙しくなると日記をつけなくなる。またたいへんなことが起きたときは事実に圧倒されて日記どころではなくなる。

それでもつづけたいときは、数日分をまとめてつけたりする。

トマス・ハーディの「アリシァの日記」(森村豊訳『幻想を追ふ女 他五篇』岩波文庫)。姉アリシァ、妹キャロラインと、青年画家シャルルの話である。悲劇に終わるこの恋物語は、姉の日記を通して描かれる。実際に、また心のなかに、次々と事件が起きる。日記をつけるゆとりはない。以下日記の一部。新字に変えた。

「九月十日――二週間以上も日記をつけなかつた。あまりにも悲しい事ばかりで、それをしたためる元気がなかつた。さはれ人はその苦しみを誌すは、それに処する最もよき方法であると思はれる時が、いつかはやつて来るものだ……」

「十月二十日――妹を慰めることにばかり気を取られてゐて、ずつと日記を懶けてしまつた」

「(翌年)二月十六日――冬中単調な生活をしてゐたので、別に書くほどの事もなく、随つて日記は御無沙汰。でもいとしい妹の行末について認め置くためにとまたそれを始める」

「(そのまた翌年の)二月五日――永い間、筆を執ることなど思ひもよらなかつたが、今は漸く少しぐらい書ける程度になつた」

かなり長期の書きだめである。でも中断、書きだめは誰の日記でも起こること。まとめてつけるので完全な実録は期待できない。なにしろ「思い出して」つけるから、人も物もかすむ。また数日前の悲しいことはちいさめに、うれしいことは大きめにつけるようになる。事実は少しゆがむ。

でも、それでも日記をつけたい、つけつづけたいという気持ちで、必死に書きだめをするのだ。そこまでされたら、日記だってうれしいことだろう。またアリシァが終始妹のことを気にかけているように、自分ではなく他人のため、その人のためにという思いも日記をつづけさせる力になる。

一日だけの日記

たった一日だけの日記があった。もちろんそれは創作のなかでのことである。太宰治の短編「十二月八日」(『太宰治全集』第五巻、ちくま文庫)は、作家を夫にもつ妻の日記。一九四一年(昭和一六年)一二月八日、戦争がはじまったその日のことだけを記すもの。

きょうの日記は特別に、ていねいに書いて置きましょう。昭和十六年の十二月八日には日本のまずしい家庭の主婦は、どんな一日を送ったか、ちょっと書いて置きましょう。もう百年ほど経《た》って日本が紀元二千七百年の美しいお祝いをしている頃に、私の此《こ》の日記帳が、どこかの土蔵の隅から発見せられて、百年前の大事な日に、わが日本の主婦が、こんな生活をしていたという事がわかったら、すこしは歴史の参考になるかも知れない。

これは戦時中の昭和一七年に発表された。当時は自由にものを言うわけにはいかなかった。だが妻がつけるという設定に、また文章に、時代への作者の思いが埋めこまれているように思われる。さて彼女は一日の終わりに、銭湯に行き、娘・園子のからだを見つめる。「足といい、手といい、その美しいこと、可愛いこと」「どんな着物を着せようが、裸身の可愛さには及ばない。お湯からあげて着物を着せる時には、とても惜しい気がする。もっと裸身を抱いていたい」と記す。銭湯へ行くときには明るかったが、帰るころにはあたりは暗かった、とある。開戦の日は、こうして日記のなかで暮れた。

佐多稲子の初期の作品「一九六〇年三月」(『佐多稲子全集』第一巻、講談社)は一九三〇年(昭和五年)一月に発表された日記風の短編である。その冒頭。

　折江は汽車の中で読もうと思う本や雑誌の中に、日本歴史の一冊を交ぜてトランクに詰めた。歴史はおもしろい、と彼女はいつも思う。それは自分たちの役割をはっきりと教える。

不思議な書き出しだが、この小説は「歴史」にかかわるのである。未来から眺める「歴史」に。

折江は、柳とともに、仕事で北海道に移る。啓介らが見送る。「王子の駅は活気に満ちていた。二十年前の、顔色の悪い、元気の無い労働者」の姿はなかった。三人はこんなことばをかわす。「今年のお花見は賑やかでしょうね。××二十年記念祭を一緒にやるんだから」「××前の労働者のお花見ってものは、資本家の欺瞞策の一つにつかわれたんだそうだが」。

つまりこれは「一九六〇年」という未来のようすをかいた小説なのである。日本のプロレタリア作家の作品には、めずらしいものだとぼくは思う。「××」はおそらく「革命」だったのだろう。いまは暗い時代だが、きっと(作品の発表から)三〇年後には、革命が起きて、つまり一九六〇年には革命が起きて、働く人たちの生活も変わっている、という祈りをこめて、「一九六〇年三月」は書かれたのである。日記をつけるということは、この佐多稲子の小説のように、未来に立つことでもあるのかもしれない。今日という日にしばられない日記。そんな日記もつけてみたいものだ。

ひととき

日記をつけることとの意味がわからなくなったり、疑問に思うようになったために、つけなくなる人もいると思う。

毎日が幸福だ。日記など不要なのではないか。二人の心はぴったり合っている。なのに日記をつけると、世界が別々になってしまうので、心が離れているように感じてしまう。日記が、人生に何かよからぬことを仕掛けてくるのではないか。そんなことを思う人もいることだろう。でもそれは、日記にはほんとうのことをつけなくてはいけないという気持ちがあるためだと思う。

「楽しかった」とあれば、楽しかったのだ。「つらかった」と書けば、つらかったのだ。でも、ひとつの気持ちを文字にするときには、人は自分を別の場所に移しているものだ。そして、自分をよく見せたりする。ほんとうは、こんなことではなく、別のことでつらかったのに、その別のことをつける勇気はない。義務もない。日記は自分のものだから。だから感情面のできごとについてはいつもほんのちょっとだけ、事実と、ずれたものになっている。だから、ほんとうのことは日記のなかではなく、そこからちょっとだけ離れたところにあるのだ。そう思えば元気も出る。日記への疑いの半分は消えると思う。

日記は、自分を笑うことでもある。「うれしい」なんて書いたりして、いいのかな、調子に乗りすぎではないのかななどと思いながら、筆はその「うれしい」ということばに、つながろうとする。そして自分の書いたことばに、にっこりする。「ばかだな」とも思う。自分の批評家がひとり生まれる。その批評家はときどき現れ、消えていく。日記をつけることは、自分のそばに、自分とは少しだけちがう自分がいることを感じることなのだ。ときどき、あるいはちょっとだけでも、そう感じることなのだ。その分、世界はひろくなる。一日もひろくなる。新しくなる。

さて最後に。ぼくはどうして日記をつけるのだろう。日記をつけていると、自分のなかの一日のほこりがとり払われて、きれいになるように思う。一日が少しのことばになって、見えてくるのも心地よいものだ。ぼくはその気持ちのなかに入りたいために、日記をつけるのだと思う。時間のすきをねらって、あるいは寝る前に、

ちょこっとつける。

あのひとときが好きだ。それがとても、ぼくには楽しいのだ。つけるときの、そのときのために、ぼくは日記をつけるのだ。今日も、これからつけるつもり。

あとがき

夏休み高校生セミナーのときお世話になった、岩波書店の清水野亜さんから、日記について書いてくださいねと、ある日いわれた。

日記は、誰にも身近なものである。ぼくもいつもの気持ちで、日記の世界を楽しみながら、つづってみた。日記をつけている人には「そうだね」、日記をつけていない人、これからつけるつもりの人には「そうなのか」と、思ってもらえれば、著者としてうれしい。

文章の書き下ろしをするのははじめてなので緊張した。今日はどこまで書けたかなと、進行のようすを日記に毎日つけた。まるで、二つの日記をつけている気分だった。編集部の桑原正雄さん、清水野亜さんのおかげで書き終えることができた。深く感謝します。

二〇〇一年一二月二〇日

荒川洋治

岩波現代文庫版のあとがき

本書『日記をつける』は、二〇〇二年刊の岩波アクティブ新書『日記をつける』に八編を増補したものだ。四〇〇字詰原稿用紙で六〇枚ほどの増量となる。新しく書いた原稿は、1の「ゴンクールの日記」「ウラルを越えて」、2の「行商の日記」、3の「神奈川の朝」「記号のない世界」、4の「公開する日記」「杉の花火」、5の「三八歳からの日記」である。新書が出てから八年が経過したので、関連の新刊や、日記の公開など最近のことがらにも触れてみた。『日記をつける』が新しい本になることを、うれしく思う。

本書の刊行に際しては、新書と同様に、岩波書店編集部の清水野亜さんのお世話になった。

二〇一〇年一〇月一八日

荒川洋治

参考文献一覧

博文館新社編『昭和三五年版　小学生日記』(博文館新社、一九五九年)
ランベルト・バンキ『仕事ばんざい――ランベルト君の徒弟日記』(小泉和子編、中嶋浩郎訳、中央公論社、一九九二年)
エリック・ホッファー『波止場日記――労働と思索』(田中淳訳、みすず書房、一九七一年)
武田百合子『富士日記』上巻(中央公論社、一九七七年、中公文庫、一九八一年)
李舜臣『乱中日記1――壬辰倭乱の記録』(北島万次訳注、平凡社東洋文庫、二〇〇〇年)
斎藤一郎編訳『ゴンクールの日記』全二巻(岩波文庫、二〇一〇年)
諏訪部揚子、中村喜和編注『現代語訳　榎本武揚　シベリア日記』(平凡社ライブラリー、二〇一〇年)
ボリース・パステルナーク『リュヴェルスの少女時代』(工藤正廣訳、未知谷、二〇一〇年)
ボリース・パステルナーク『物語』(工藤正廣訳、未知谷、二〇一〇年)

長谷川時雨『旧聞日本橋』(岩波文庫、一九八三年)
日本近代文学館編『文学者の日記8 長谷川時雨 深尾須磨子』(博文館新社、一九九九年)
徳冨蘆花『蘆花日記』第一巻(筑摩書房、一九八五年)
徳冨健次郎『みみずのたはこと』上巻(岩波文庫、一九三八年)
木山捷平『角帯兵児帯・わが半生記』(講談社文芸文庫、一九九六年)
司馬江漢『司馬江漢全集』第一巻(八坂書房、一九九二年)
ゲーテ『イタリア紀行』下巻(相良守峯訳、岩波文庫、一九四二年)
レザーノフ『日本滞在日記 一八〇四―一八〇五』(大島幹雄訳、岩波文庫、二〇〇〇年)
エルネスト・チェ・ゲバラ『ゲバラ日記』(仲晃、丹羽光男訳、みすず書房、一九六八年)
樋口一葉『ちくま日本文学全集 樋口一葉』(筑摩書房、一九九二年)
内田百閒『新輯 内田百閒全集』第二九巻(福武書店、一九八九年)
群像社「群像社通信」(第四一号、第四二・四三合併号、二〇〇五年、第四九号、二〇〇六年)
杉山平一『杉山平一全詩集』上巻(編集工房ノア、一九九七年)
フレデリック・ボワレ『ゆき子のホウレン草』(関澄かおる訳、太田出版、二〇〇一年)
高見順『高見順日記』全八巻九冊(勁草書房、一九六四―一九六六年)
高見順『続 高見順日記』全八巻(勁草書房、一九七五―一九七七年)

司馬遼太郎『草原の記』(新潮社、一九九二年、新潮文庫、一九九五年)
司馬遼太郎『街道をゆく31　愛蘭土紀行Ⅱ』(朝日新聞社、一九八八年、朝日文芸文庫、一九九三年)
中野重治『ちくま日本文学全集　中野重治』(筑摩書房、一九九二年)
中村光夫『二葉亭四迷伝　ある先駆者の生涯』(講談社文芸文庫、一九九三年)
梅崎春生『梅崎春生全集』第七巻(新潮社、一九六七年)
財団法人矢野恒太記念会編『データでみる県勢2010年版』(財団法人矢野恒太記念会、二〇〇九年)
坪内祐三、嵐山光三郎編『明治の文学第10巻　山田美妙』(筑摩書房、二〇〇一年)
野坂昭如『妄想老人日記』(新潮社、二〇〇〇年、中公文庫、二〇一〇年)
田畑修一郎『田畑修一郎全集』第三巻(冬夏書房、一九八〇年)
樋口一葉「水の上」「水のうえ」(『日本の文学』第五巻、中央公論社、一九六八年)
二葉亭四迷「平凡」(『日本文學全集』第一巻、新潮社、一九六四年)
長見義三『色丹島記』(新宿書房、一九九八年)
三島由紀夫『決定版　三島由紀夫全集』第八巻(新潮社、二〇〇一年)
中勘助『犬　他一篇』(岩波文庫、一九八五年)
横光利一『夜の靴・微笑』(講談社文芸文庫、一九九五年)

日本ペンクラブ編、大岡信選『愛の詩集 ことばよ花咲け』(集英社文庫、一九八四年)
高浜虚子『現代俳句の世界1 高濱虚子集』(朝日文庫、一九八四年)
幸田文『幸田文全集』第四巻・第五巻・第六巻(岩波書店、一九九五年)
開高健『開高健の文学論』(中公文庫、二〇一〇年)
武者小路実篤『武者小路実篤詩集』(角川文庫、一九九九年)
吉村昭『東京の戦争』(筑摩書房、二〇〇一年、ちくま文庫、二〇〇五年)
伊藤信吉監修『群馬文学全集第六巻 大手拓次 岡田刀水士』(群馬県立土屋文明記念文学館、二〇〇〇年)
岸田劉生『摘録 劉生日記』(酒井忠康編、岩波文庫、一九九八年)
正宗白鳥『新編 作家論』(高橋英夫編、岩波文庫、二〇〇二年)
岩野美衛『岩野泡鳴全集』第一四巻(臨川書店、一九九六年)
トマス・ハーディ『幻想を追ふ女 他五篇』(森村豊訳、岩波文庫、一九三二年)
太宰治『太宰治全集』第五巻(ちくま文庫、一九八九年)
佐多稲子『佐多稲子全集』第一巻(講談社、一九七七年)

本書は二〇〇二年二月、岩波書店より刊行された。

日記をつける

2010年11月16日　第1刷発行

著　者　荒川洋治《あらかわようじ》

発行者　山口昭男

発行所　株式会社　岩波書店
〒101-8002 東京都千代田区一ツ橋2-5-5

案内 03-5210-4000　販売部 03-5210-4111
現代文庫編集部 03-5210-4136
http://www.iwanami.co.jp/

印刷・精興社　製本・中永製本

ISBN 978-4-00-602179-5　Printed in Japan

岩波現代文庫の発足に際して

新しい世紀が目前に迫っている。しかし二〇世紀は、戦争、貧困、差別と抑圧、民族間の憎悪等に対して本質的な解決策を見いだすことができなかったばかりか、文明の名による自然破壊は人類の存続を脅かすまでに拡大した。一方、第二次大戦後より半世紀余の間、ひたすら追い求めてきた物質的豊かさが必ずしも真の幸福に直結せず、むしろ社会のありかたを歪め、人間精神の荒廃をもたらすという逆説を、われわれは人類史上はじめて痛切に体験した。

それゆえ先人たちが第二次世界大戦後の諸問題といかに取り組み、思考し、解決を模索したかの軌跡を読みとくことは、今日の緊急の課題であるにとどまらず、将来にわたって必須の知的営為となるはずである。幸いわれわれの前には、この時代の様ざまな葛藤から生まれた、人文、社会、自然諸科学をはじめ、文学作品、ヒューマン・ドキュメントにいたる広範な分野のすぐれた成果の蓄積が存在する。

岩波現代文庫は、これらの学問的、文芸的な達成を、日本人の思索に切実な影響を与えた諸外国の著作とともに、厳選して収録し、次代に手渡していこうという目的をもって発刊される。いまや、次々に生起する大小の悲喜劇に対してわれわれは傍観者であることは許されない。一人ひとりが生活と思想を再構築すべき時である。

岩波現代文庫は、戦後日本人の知的自叙伝ともいうべき書物群であり、現状に甘んずることなく困難な事態に正対して、持続的に思考し、未来を拓こうとする同時代人の糧となるであろう。

（二〇〇〇年一月）

岩波現代文庫[文芸]

B151
『断腸亭日乗』を読む
新藤兼人

『断腸亭日乗』に「老人の性と生」という視点で迫る。荷風の女たち、『濹東綺譚』などに独特の読みを展開。〈解説〉小野民樹

B152
黒龍江への旅
高野悦子

満鉄に勤務した父の足跡をたどり、黒龍江のほとりまで……。岩波ホールに中国名画をもたらした傑作紀行エッセイ。〈解説〉藤原作弥

B153-154
荷風と東京（上・下）
―『断腸亭日乗』私註―
川本三郎

『断腸亭日乗』を読み込み、東京を時間旅行しながら、荷風が愛した東京の細部を浮かび上がらせた好著。〈解説〉持田叙子

B155
ある晴れた日に
加藤周一

医学生を主人公に、戦争末期から敗戦までを瑞々しく描いた著者初の長編小説。戦争と人間の運命を辿る。〈解説〉澤地久枝　〈序〉渡辺一夫

B156
ものがたりの余白
―エンデが最後に話したこと―
ミヒャエル・エンデ著
田村都志夫聞き手・編訳

数々の名作児童文学で知られるエンデが、最晩年に自らの人生、作品、思索について語った談話。各章冒頭に田村都志夫氏の解説付き。

2010.11

岩波現代文庫［文芸］

B157
わた史発掘
―戦争を知っている子供たち―
小沢昭一

「昭和の長男」である著者の自分史発掘。昭和4年の出生から24年の俳優座養成所入所まで。激動の時代を歩んだ「お父さんの昭和史」。〈解説〉川本三郎

B158
増補 日本美術を見る眼
―東と西の出会い―
高階秀爾

日本独特の美意識とは何か。西洋と比較した日本美術の特質を浮かび上がらせ、日本人の精神文化の神髄にせまる卓越した比較文化論。

B159
二つの同時代史
大岡昇平
埴谷雄高

戦後文学の二巨匠が、青春、戦争体験、文学的出発、戦後文学、安保闘争、赤軍事件と、時代を交錯させながら縦横に語る連続対談。〈解説〉樋口覚

B160
源氏物語の始原と現在
―付 バリケードの中の源氏物語―
藤井貞和

夜のしじまに語られた源氏物語生成に関わる深い闇、異界との緊張。若き日の著者が、物語の生成と展開を渾身の力で解明した労作。〈解説〉関根賢司

B161
推定有罪
笹倉明

日雇い労働者の町で殺人犯にされた男を必死に弁護する若き弁護士の苦闘。日本の刑事裁判の歪みを象徴する事件を描き出す傑作ノンフィクション・ノベル。〈解説〉野村吉太郎

岩波現代文庫［文芸］

B162
私の信州物語
熊井　啓

信州に生まれ育ち、信州の人間と自然を愛した社会派映画の巨匠・熊井啓。青春時代の体験が自己の映画の核であると語る著者の原点。〈解説〉熊井明子

B163
モーム語録
行方昭夫編

自分の好奇心のままに人生と人間を眺めた文学者モーム。融通無碍でちょっとシニカルなその言葉は、閉塞する現代社会に風穴を開ける！

B164-165
考証 永井荷風（上・下）
秋庭太郎

永井荷風の精緻な評伝。上巻は両親の家系、明治十二年の出生から大正末年まで、下巻は昭和三十四年の死までを扱う。荷風の交遊関係を網羅。〈解説〉中村良衛

B166-167
湿原（上・下）
加賀乙彦

学園紛争の時代に出会った心病む女学生と中年男。新幹線爆破の嫌疑で捕われ、冤罪を訴える二人の長き闘いが始まる。魂の救済を問う感動長篇。〈解説〉亀山郁夫

B168
大阪ことば学
尾上圭介

なんなと言わな、おもしろない。人間はしゃべってなんぼ。笑わしてなんぼ。笑い指向と饒舌の背後にある大阪文化の本質を説きあかす。〈序文〉金田一春彦・〈解説〉井上　宏

2010. 11

岩波現代文庫[文芸]

B169
グスタフ・マーラー
—現代音楽への道—
柴田南雄

マーラーの作品の背後に非西欧世界にも及ぶ広大な音楽文化圏の存在を見いだし、現代音楽への道を切り開いていった彼の歩みを跡づける。岩波新書版を増補。〈解説〉岡田暁生

B170
オノマトピア
—擬音語大国にっぽん考—
桜井順

「オノマトペ＝擬音語」と「ユートピア＝理想郷」の合成語「オノマトピア」。その世界を、捻りの効いたエッセイとガクモン的考察で説き明かす抱腹絶倒の批評集。

B171
詞華断章
竹西寛子

万葉・古今から芭蕉・蕪村まで、季節のうつろいに響きあい、忘れえぬ時を呼びおこす古の歌蔵。生の鼓動を伝えるエッセイの精華。〈解説〉辻邦生

B172
戦艦武蔵ノート
吉村昭

「嘘ついてやがら。」自分がみた、本当の戦争を伝えるために、「武蔵」を書くのだ——。作家を突き動かした『戦艦武蔵』執筆の経緯をたどる取材日記。〈解説〉最相葉月

B173
ある補充兵の戦い
大岡昇平

太平洋戦争末期、35歳で召集された大岡が、フィリピンで戦い、米軍捕虜となるまでの体験と復員を描いた作品集。〈解説〉川本三郎

B174
私のシネマライフ
高野悦子

女性として初めて劇場総支配人となり、世界の名画上映にあらゆる情熱を注ぎこむようになった高野悦子氏の、悔いなき自分史。

B175
絢爛たる影絵 小津安二郎
高橋　治

巨匠・小津安二郎の人間と作品の魅力を、「東京物語」の助監督をつとめた直木賞作家が見事に描き出したノンフィクション・ノベル。〈解説〉E・G・サイデンステッカー

B176
俳句のユーモア
坪内稔典

俳句はいろいろな読み方をしていい。秀れた俳句であればあるだけ、ユーモアを湛えているもの。ネンテン先生が説く、俳句の楽しみ、その広がり。

B177
日本の音を聴く 文庫オリジナル版
柴田南雄

日本古来の楽器や芭蕉の句などに独自の分析を展開し、民俗芸能・社寺芸能を素材にした合唱作品・シアターピースを自己解説する。〈解説〉田中信昭

B178
礫のロシア スターリンと芸術家たち
亀山郁夫

スターリンによる大粛清の時代を潜った芸術家たちは、「独裁」といかに闘い、生き残り、死んだのか。著者入魂の大佛次郎賞受賞作。

岩波現代文庫[文芸]

B179

日記をつける

荒川洋治

古今東西、人はどんな日記をつけてきたか。様々な文学作品から日記をめぐる情景をひきつつ、日記のつけかた、広がりかた、その楽しみかたをやさしく説く。

2010. 11

ココロコネクト

キズランダム

KOKORO-CONNECT KIZU-RANDOM

「ダメダメダメダメっ！　見ないで！」
桐山《きりやま》唯《ゆい》

稲葉《いなば》姫子《ひめこ》